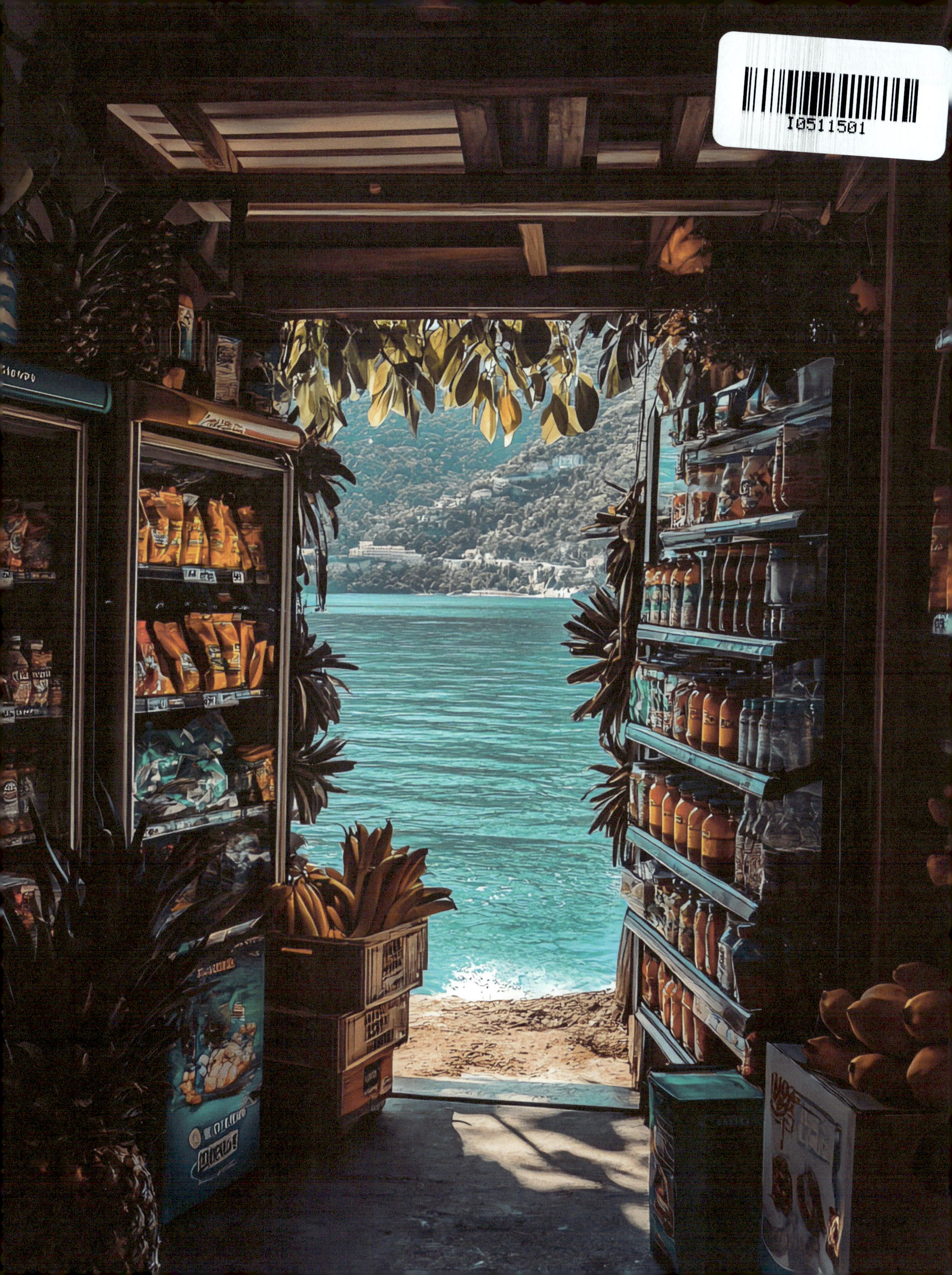

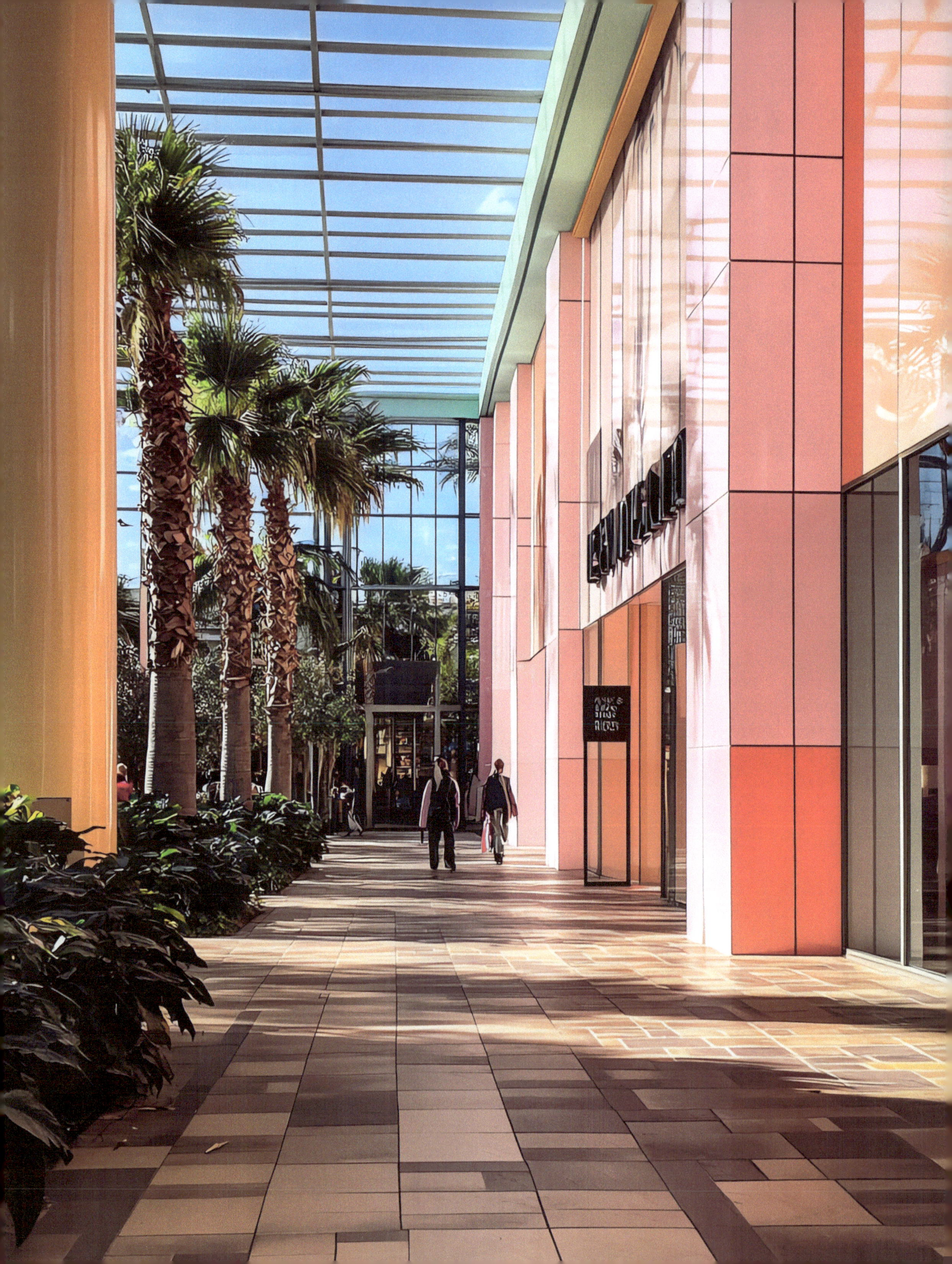

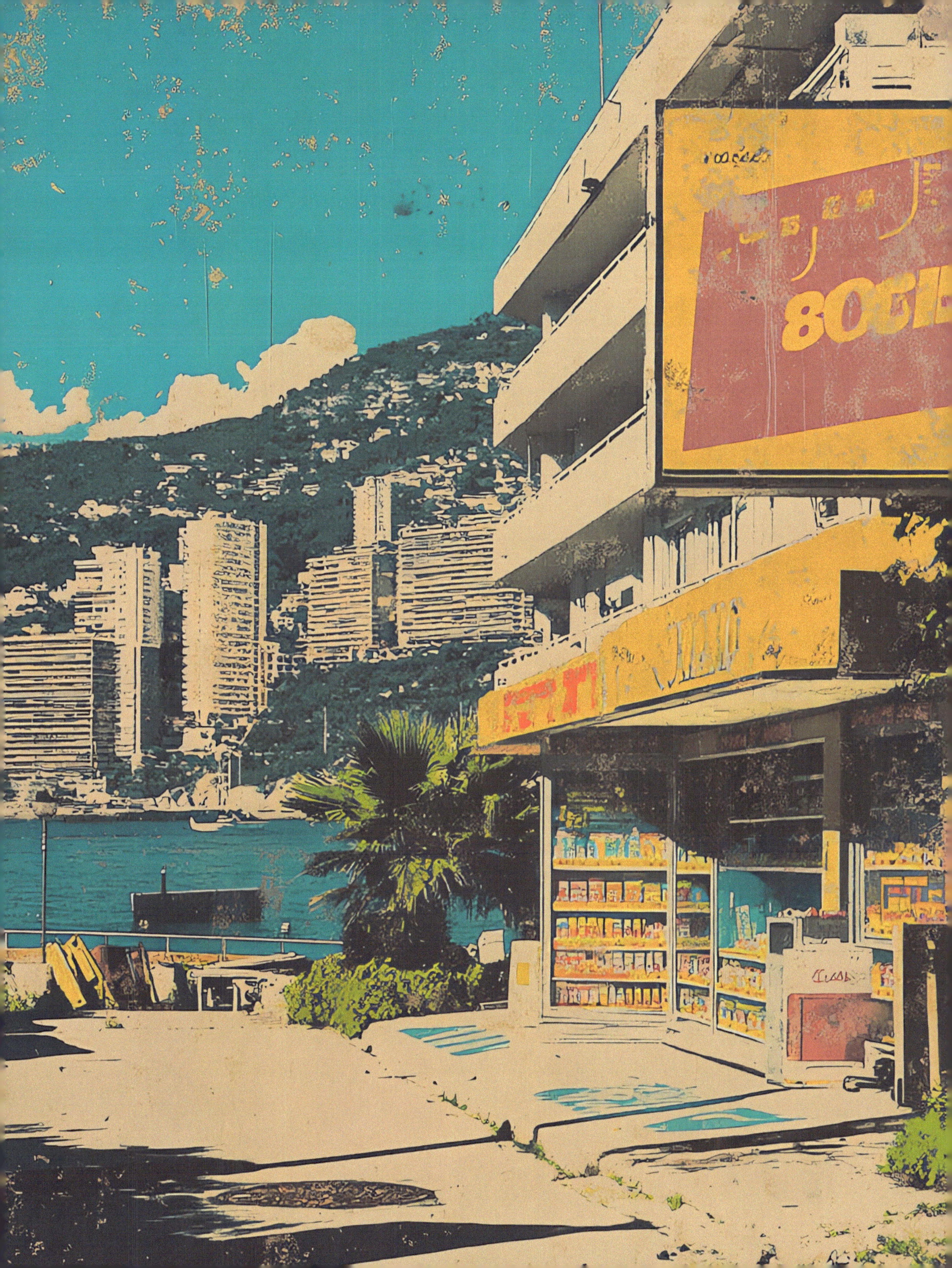

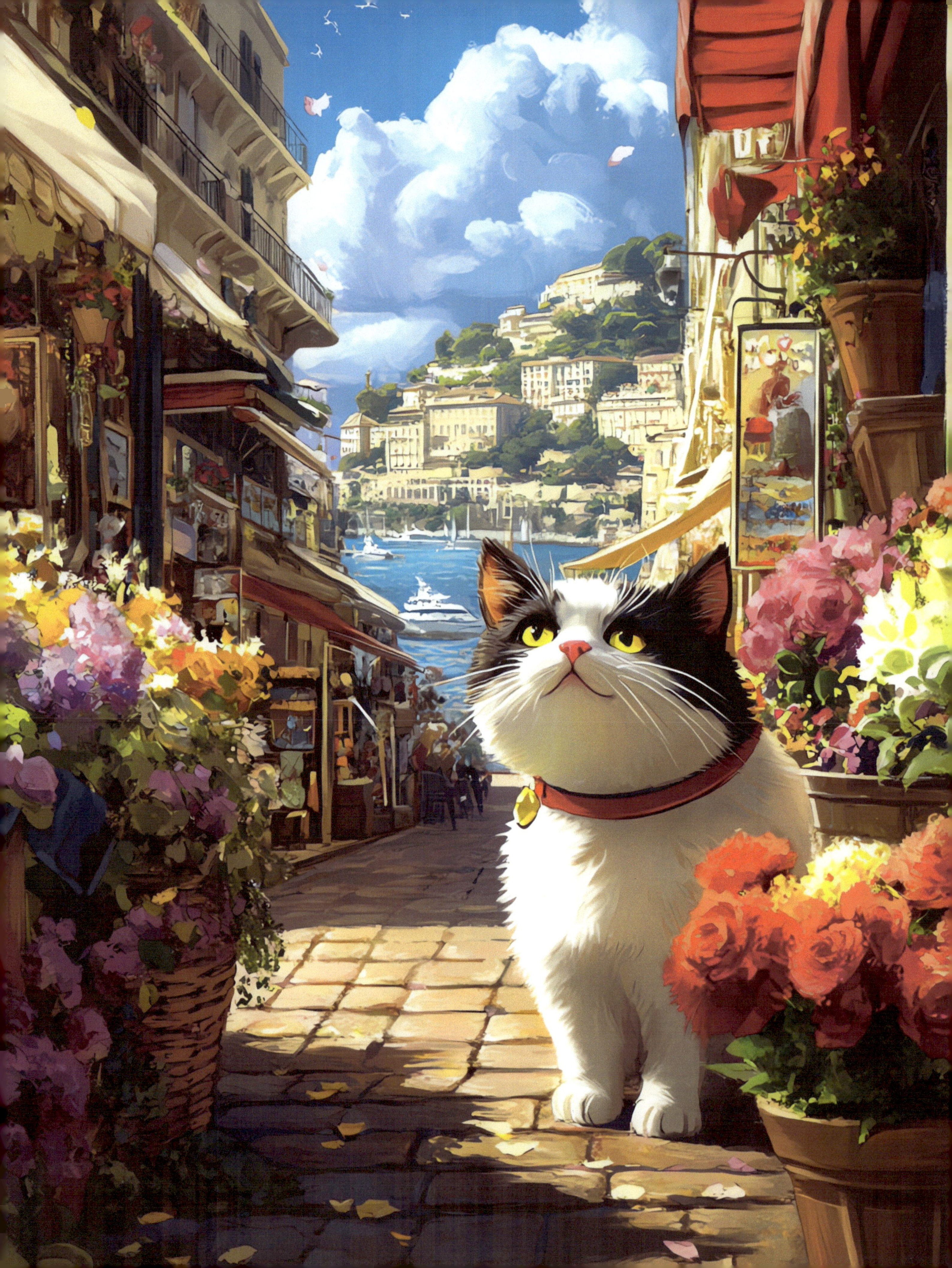

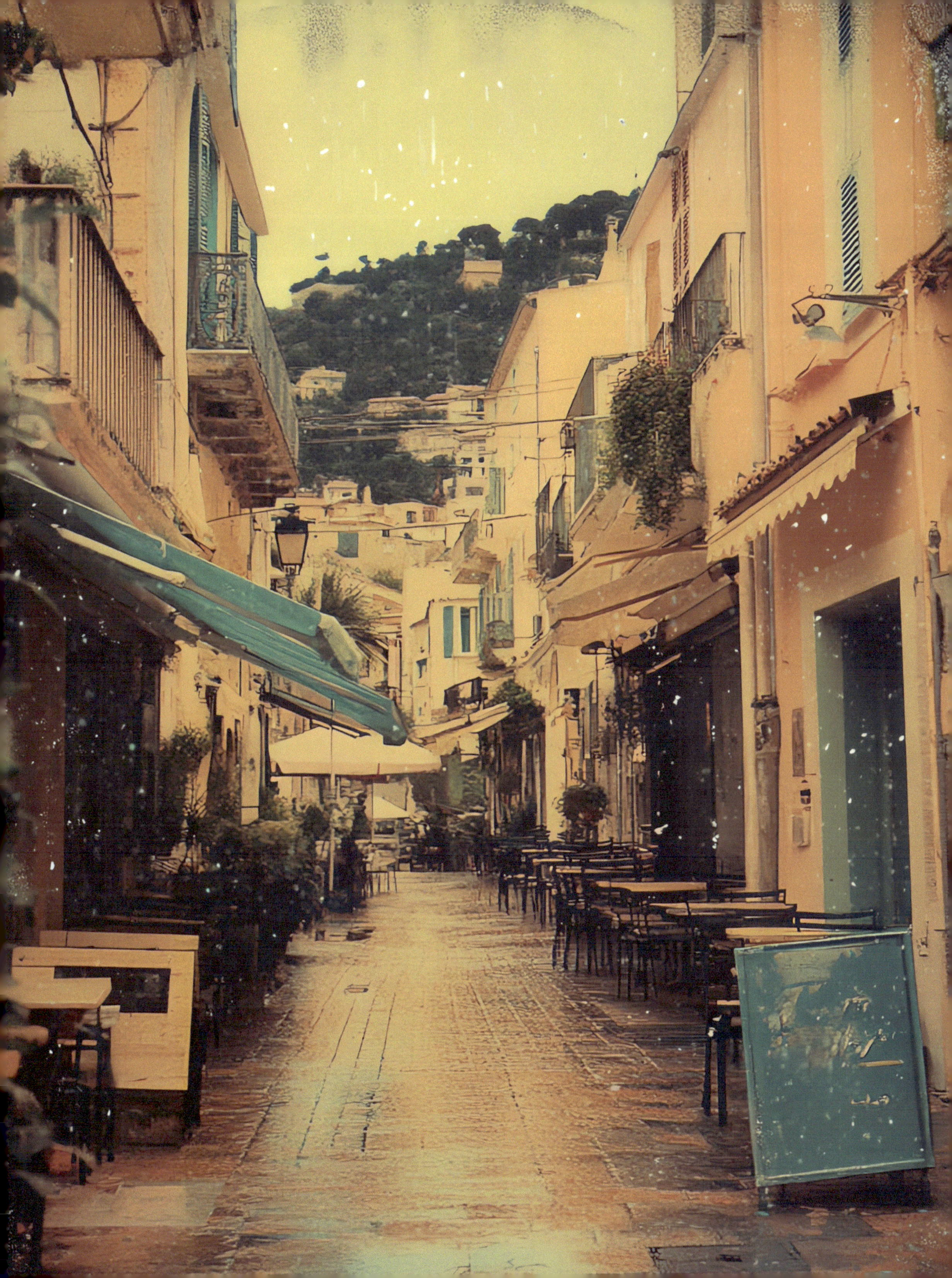

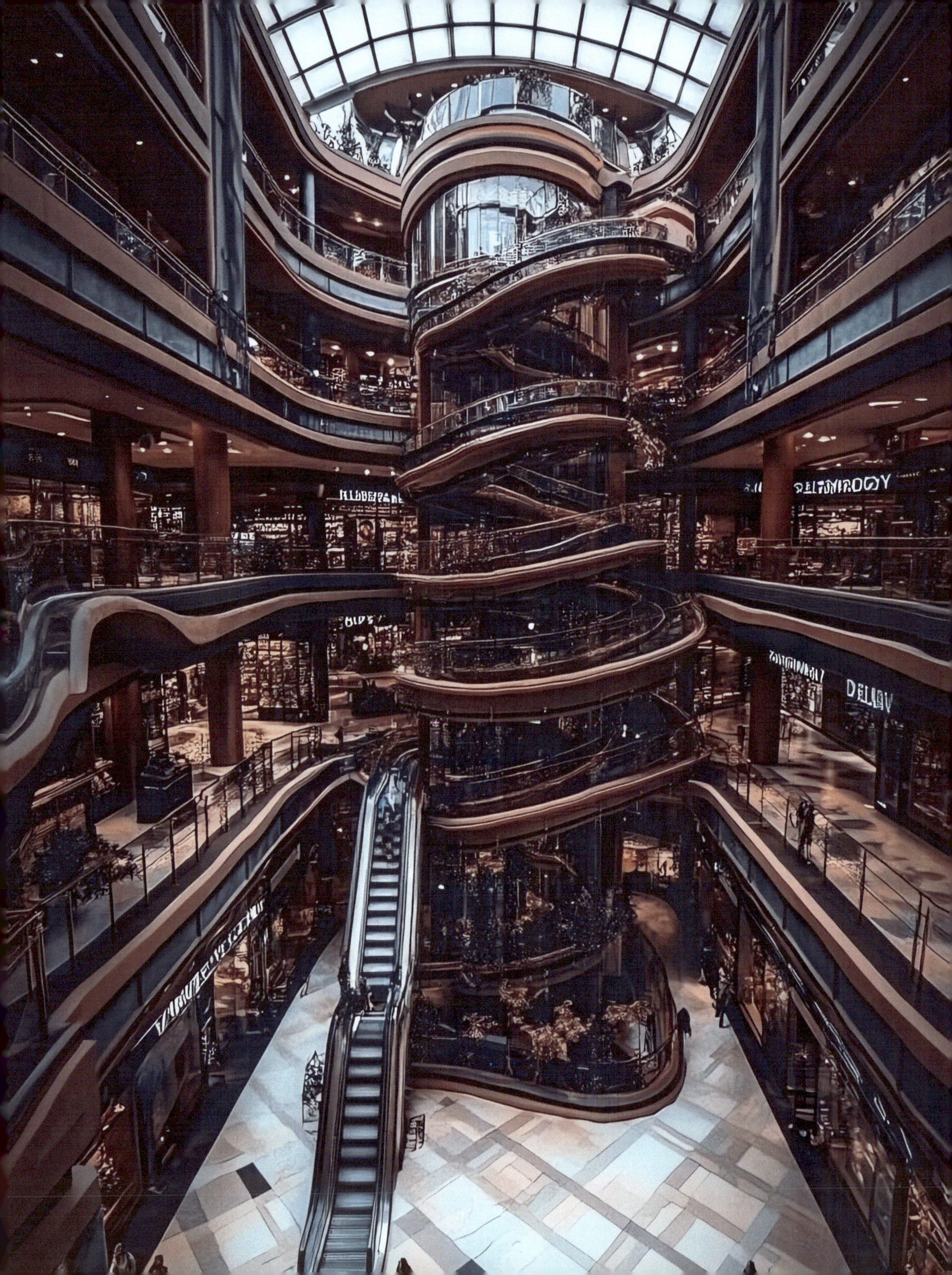

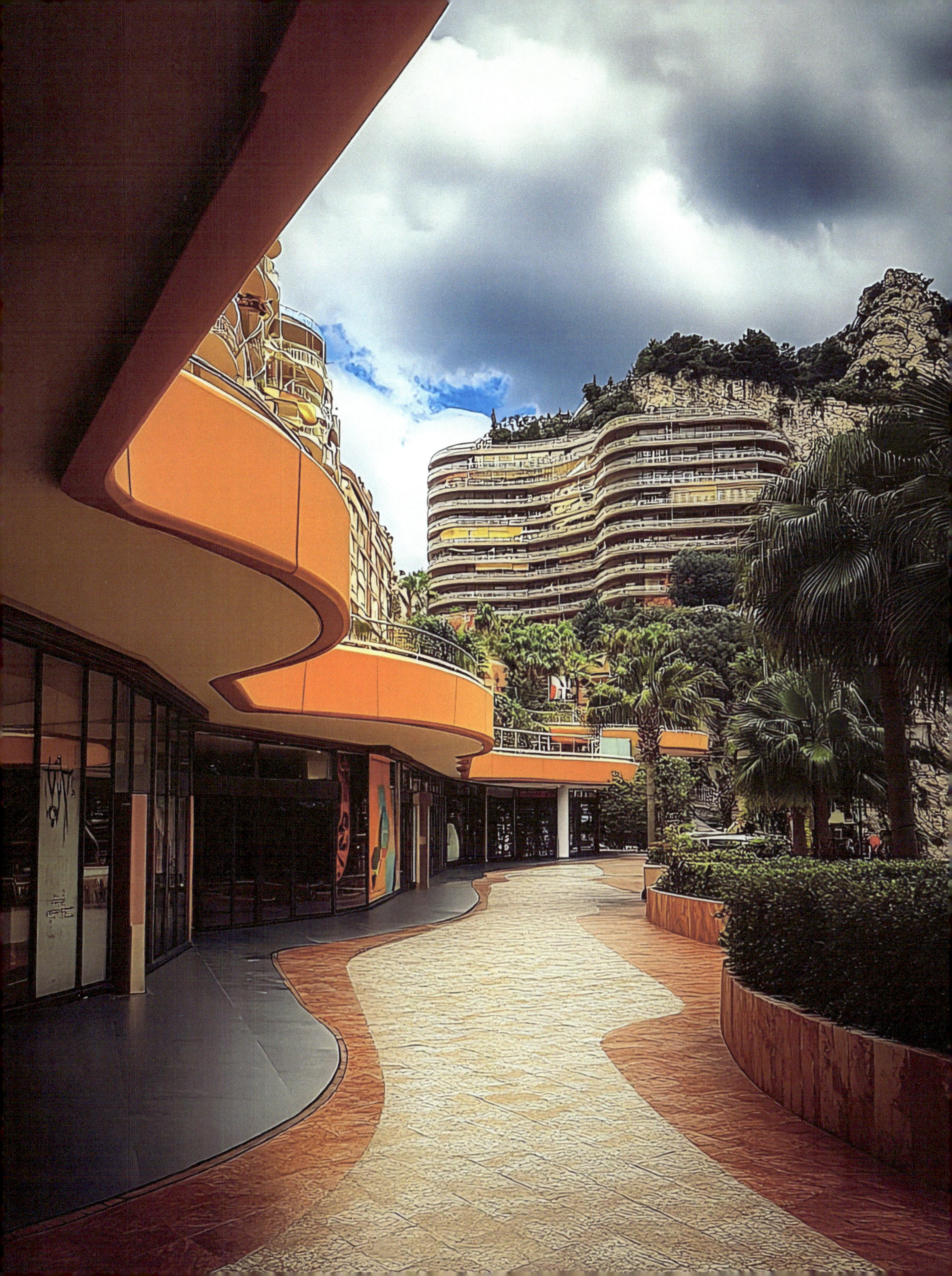

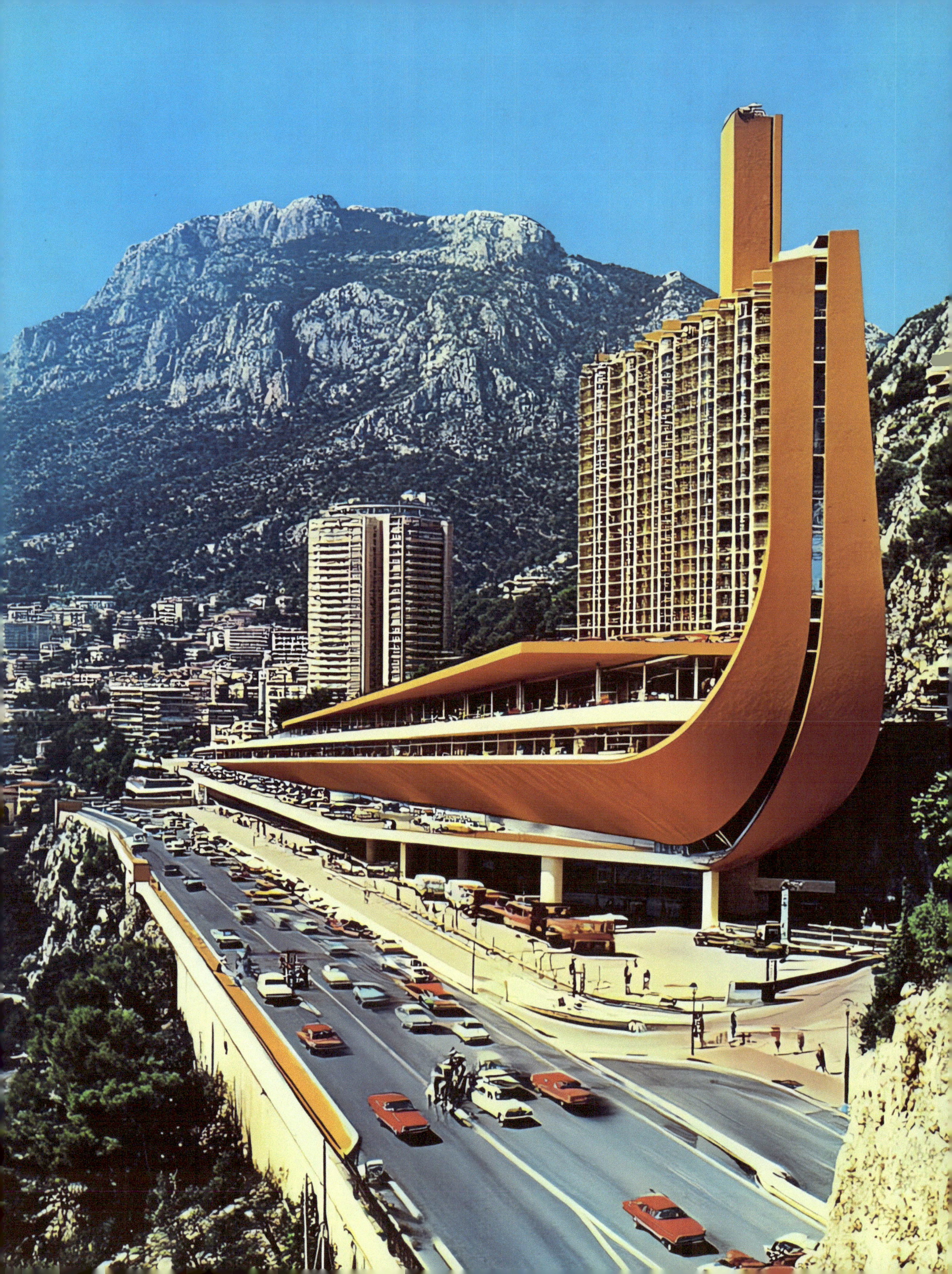

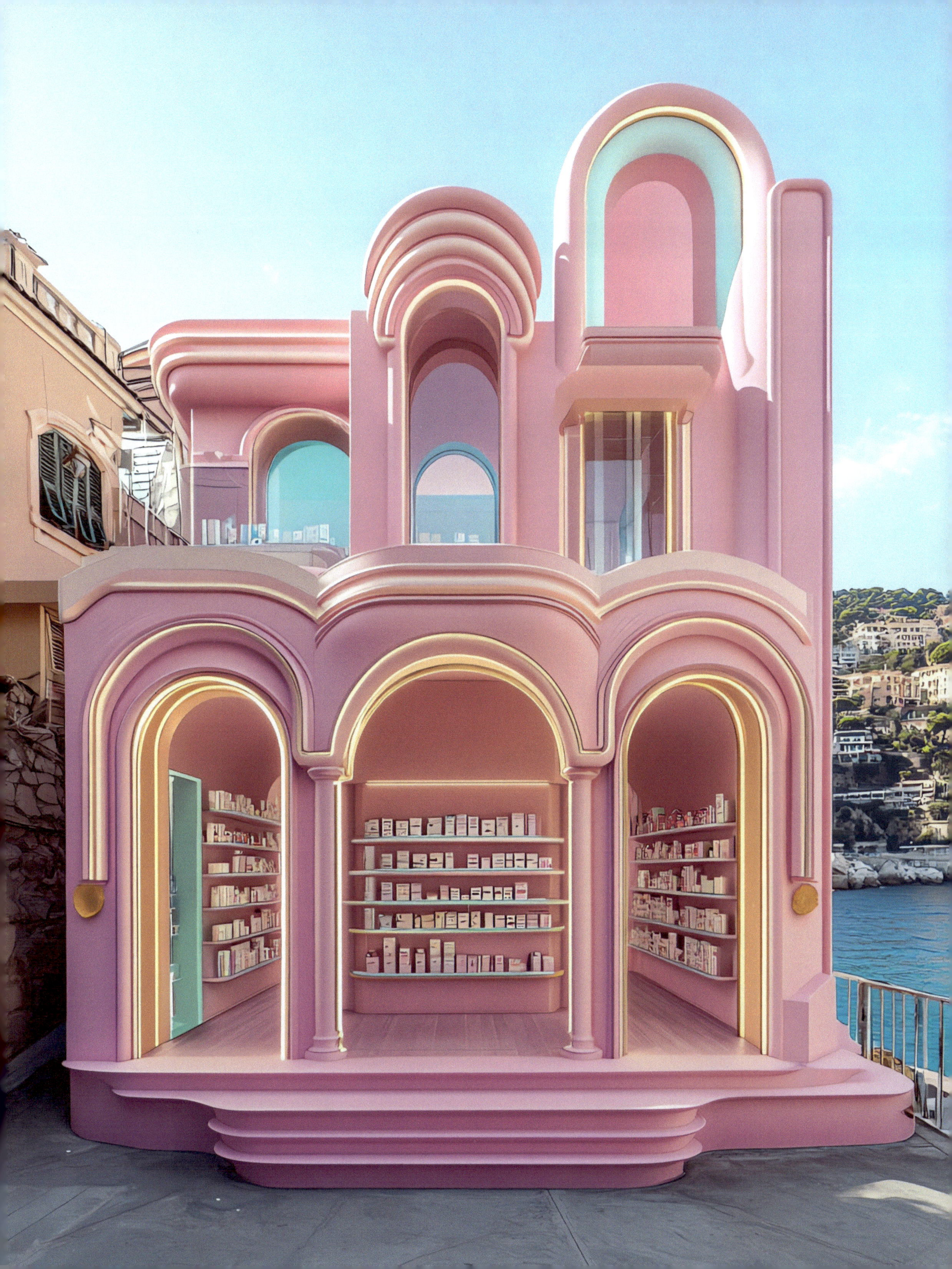

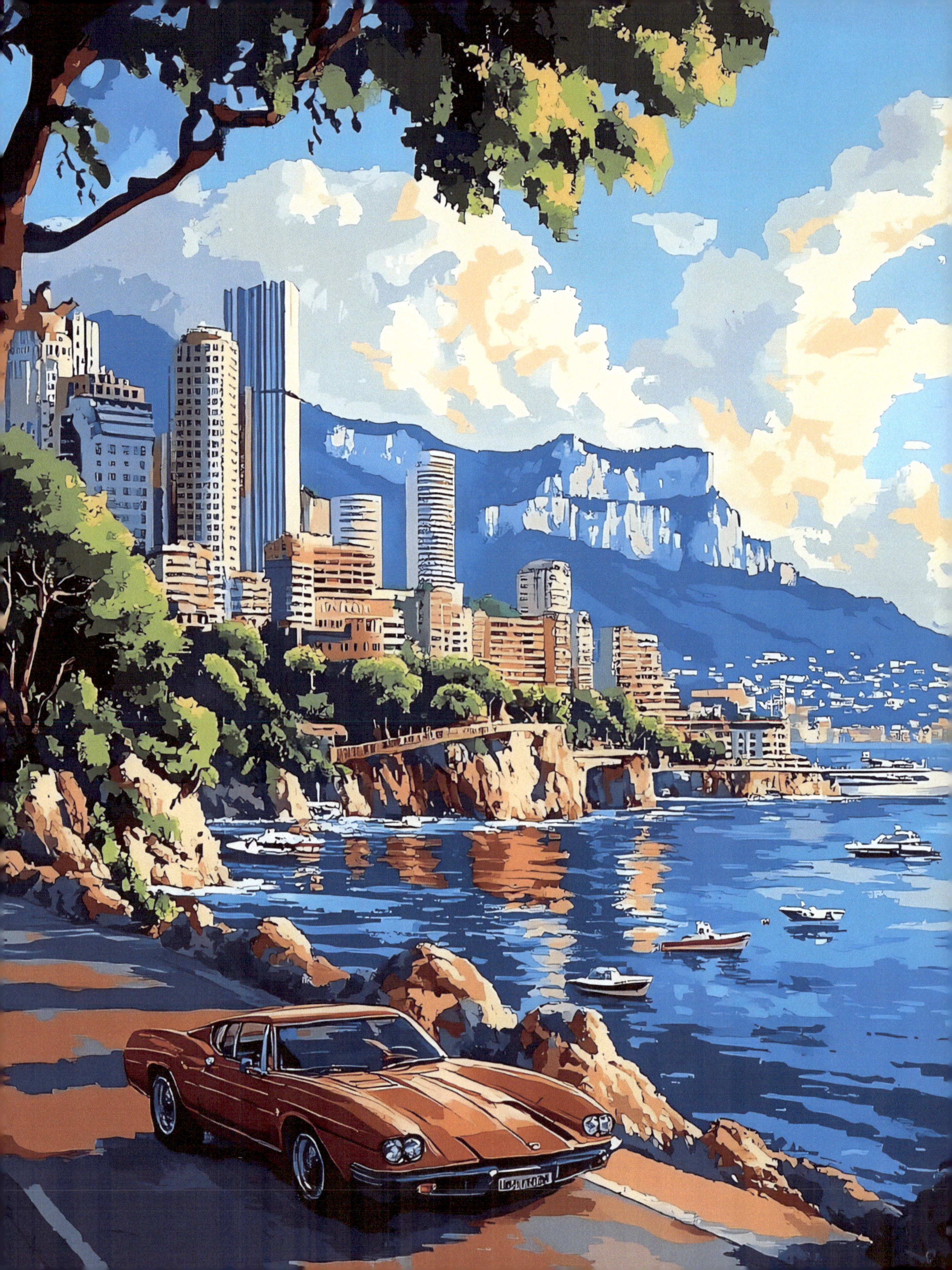

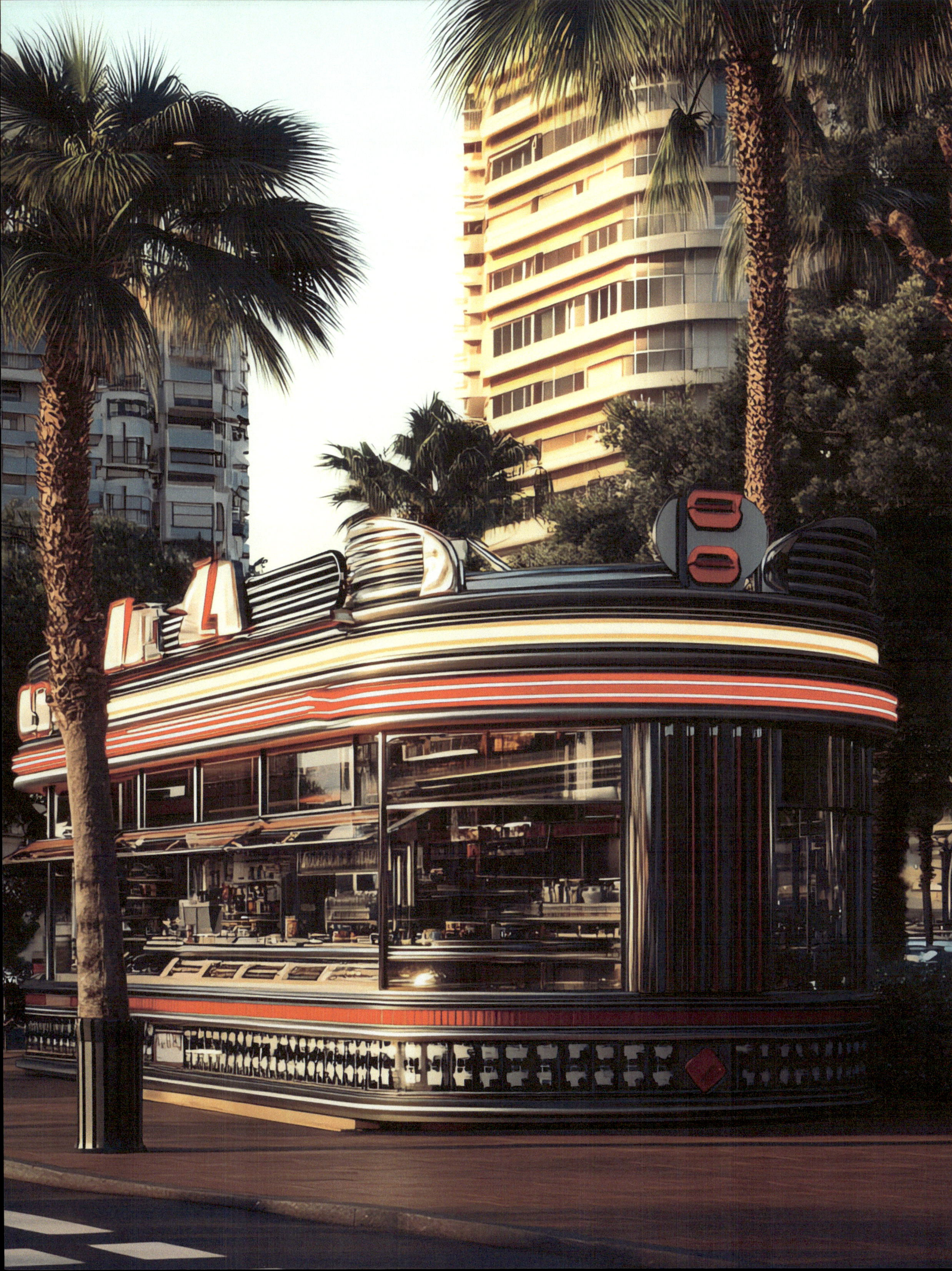

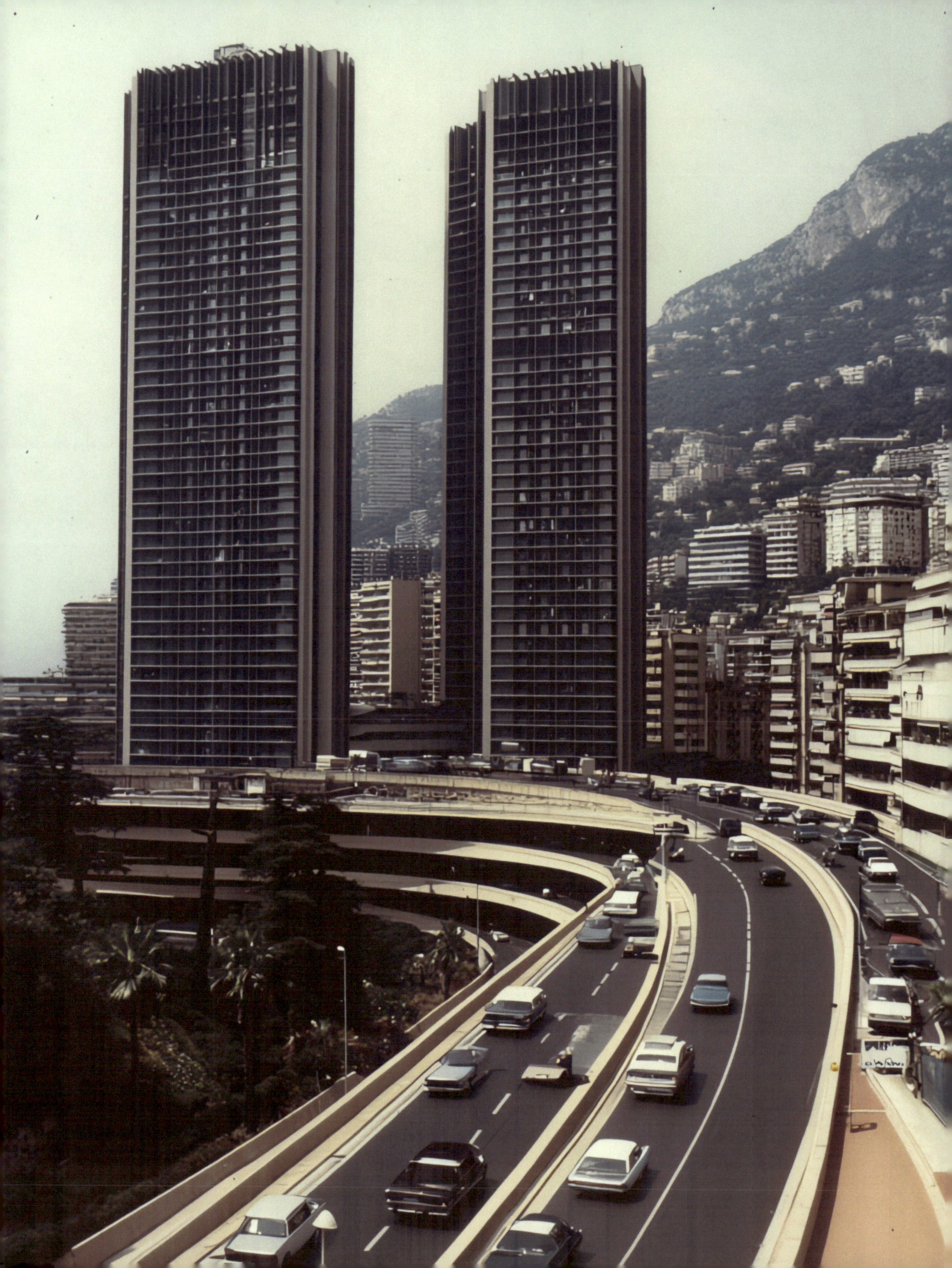

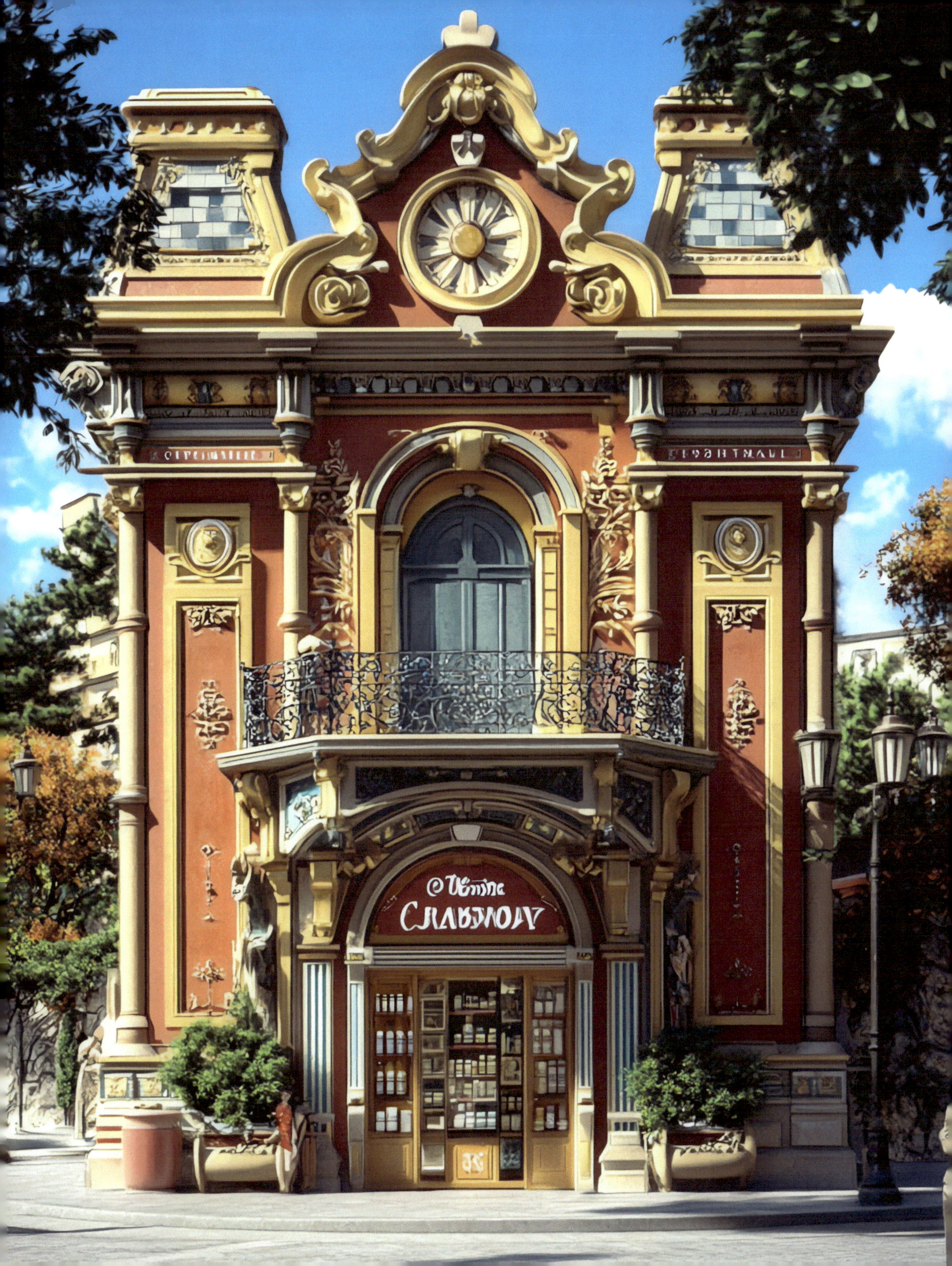

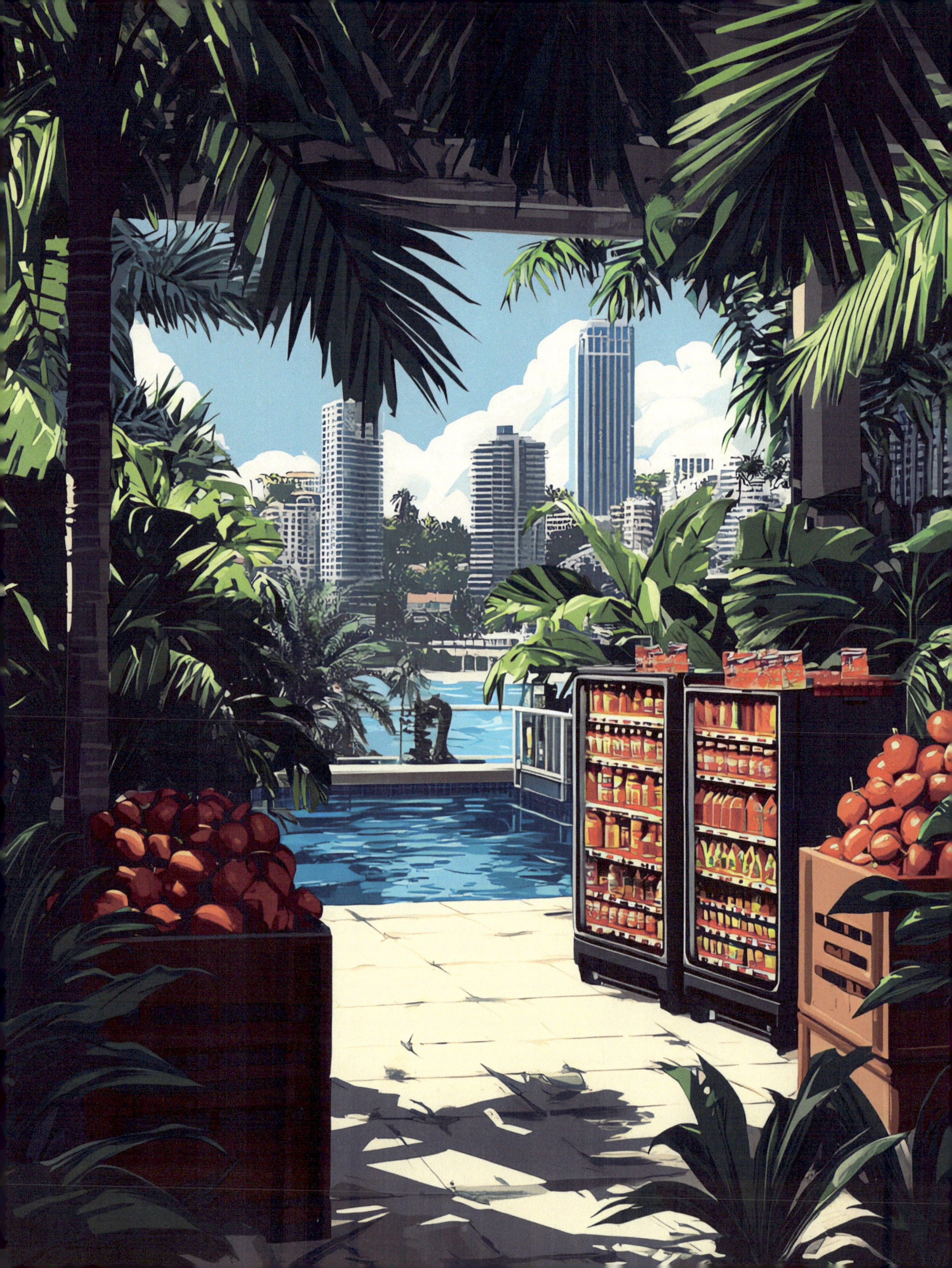

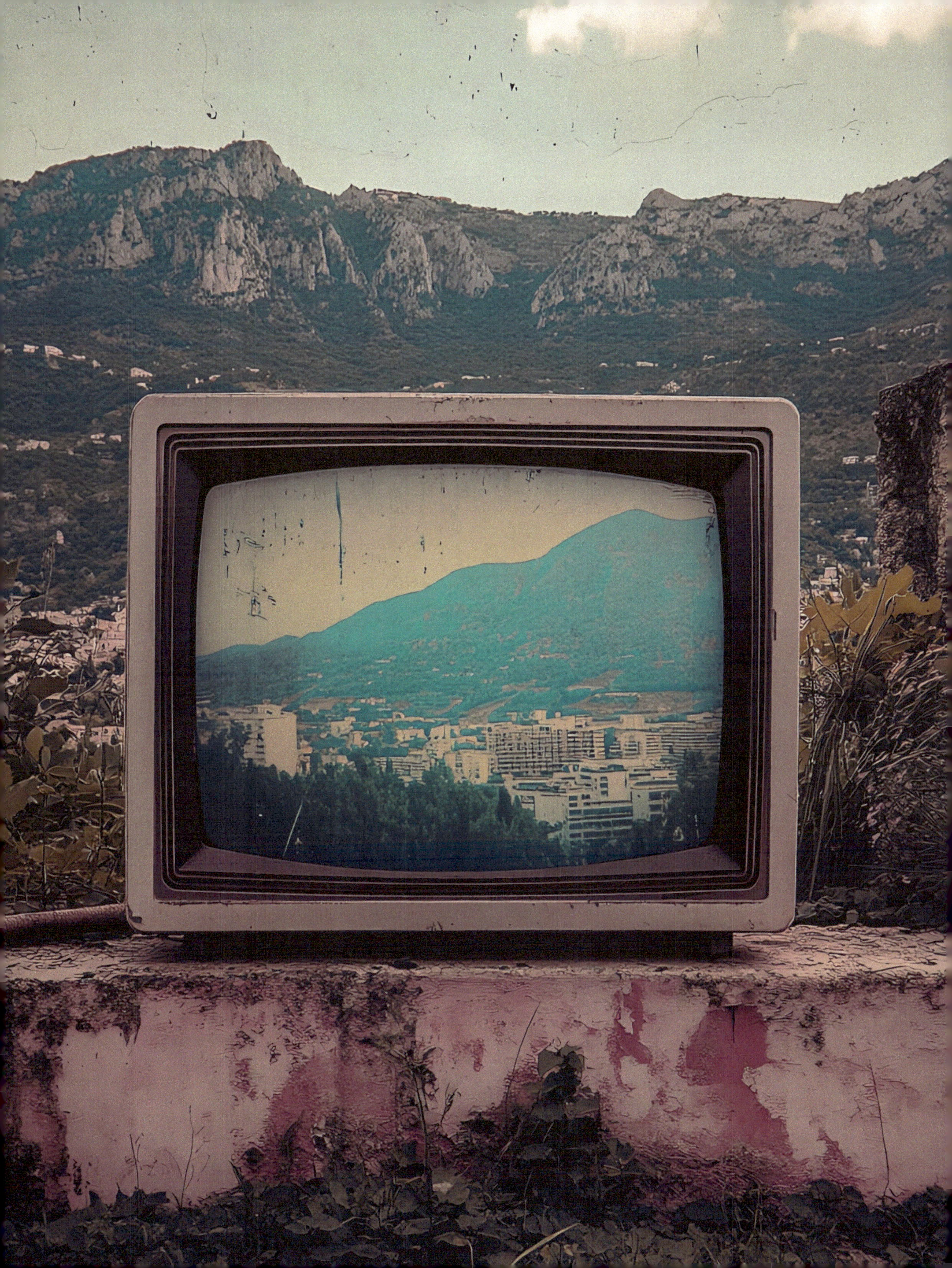

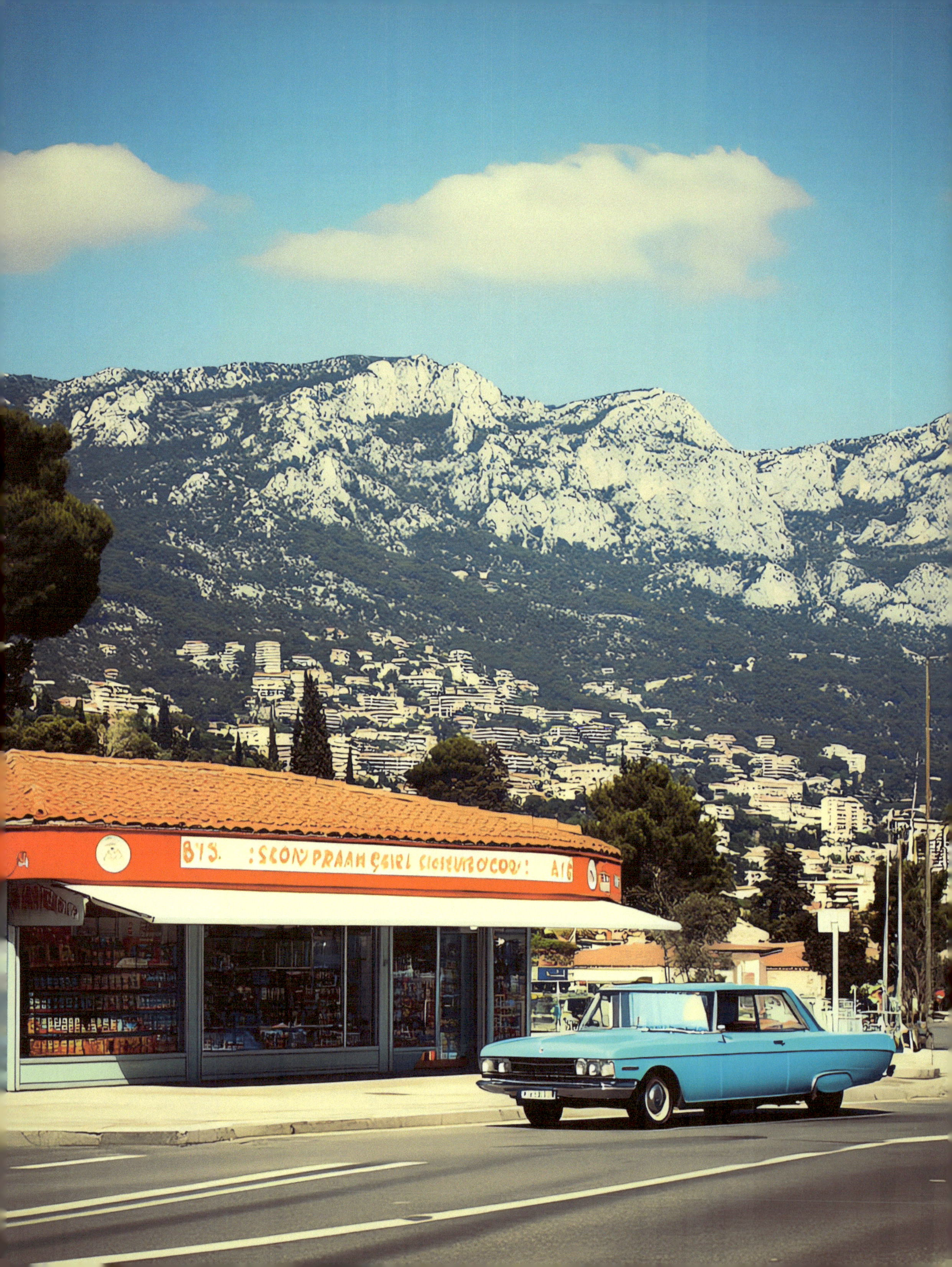

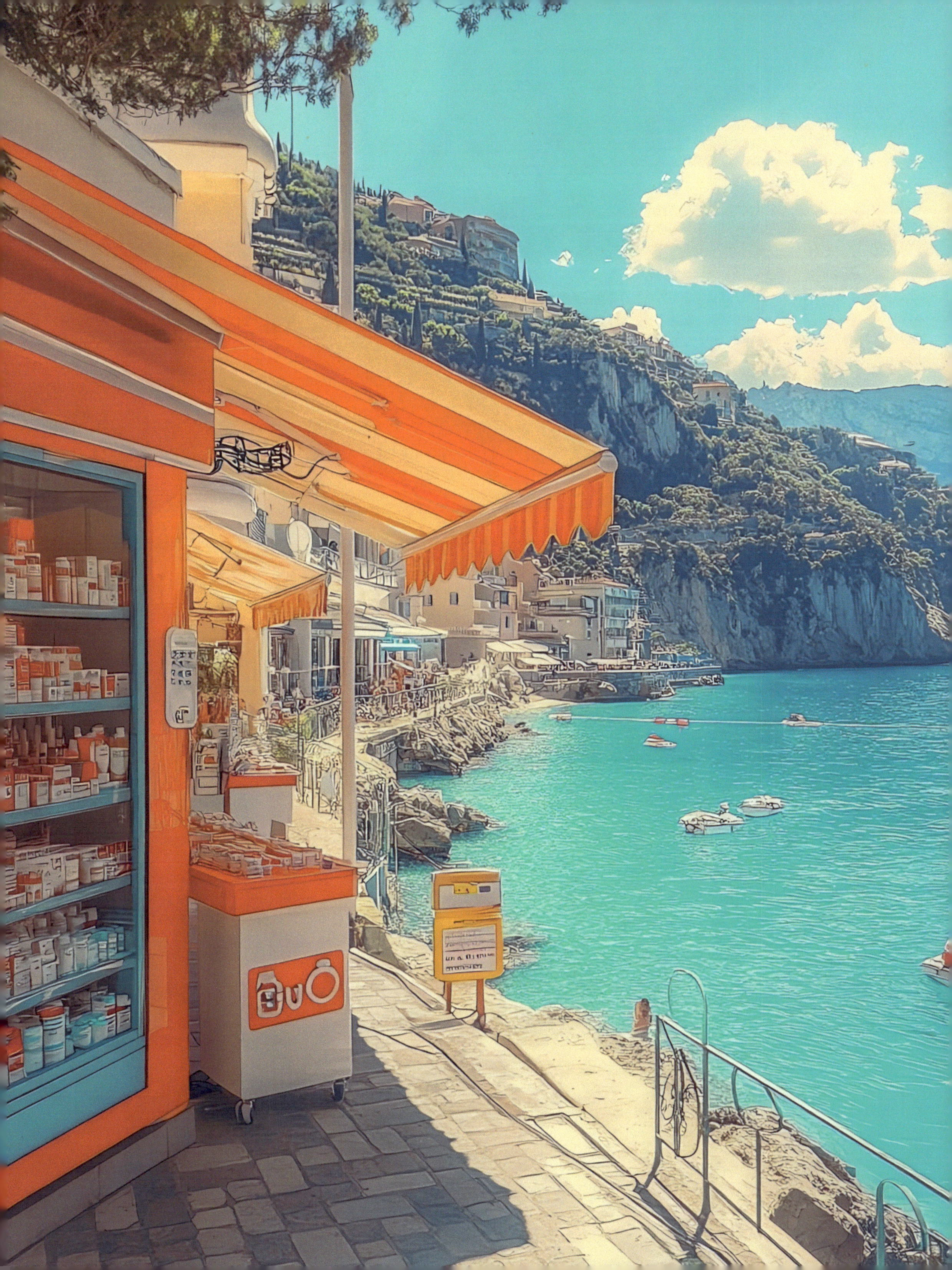

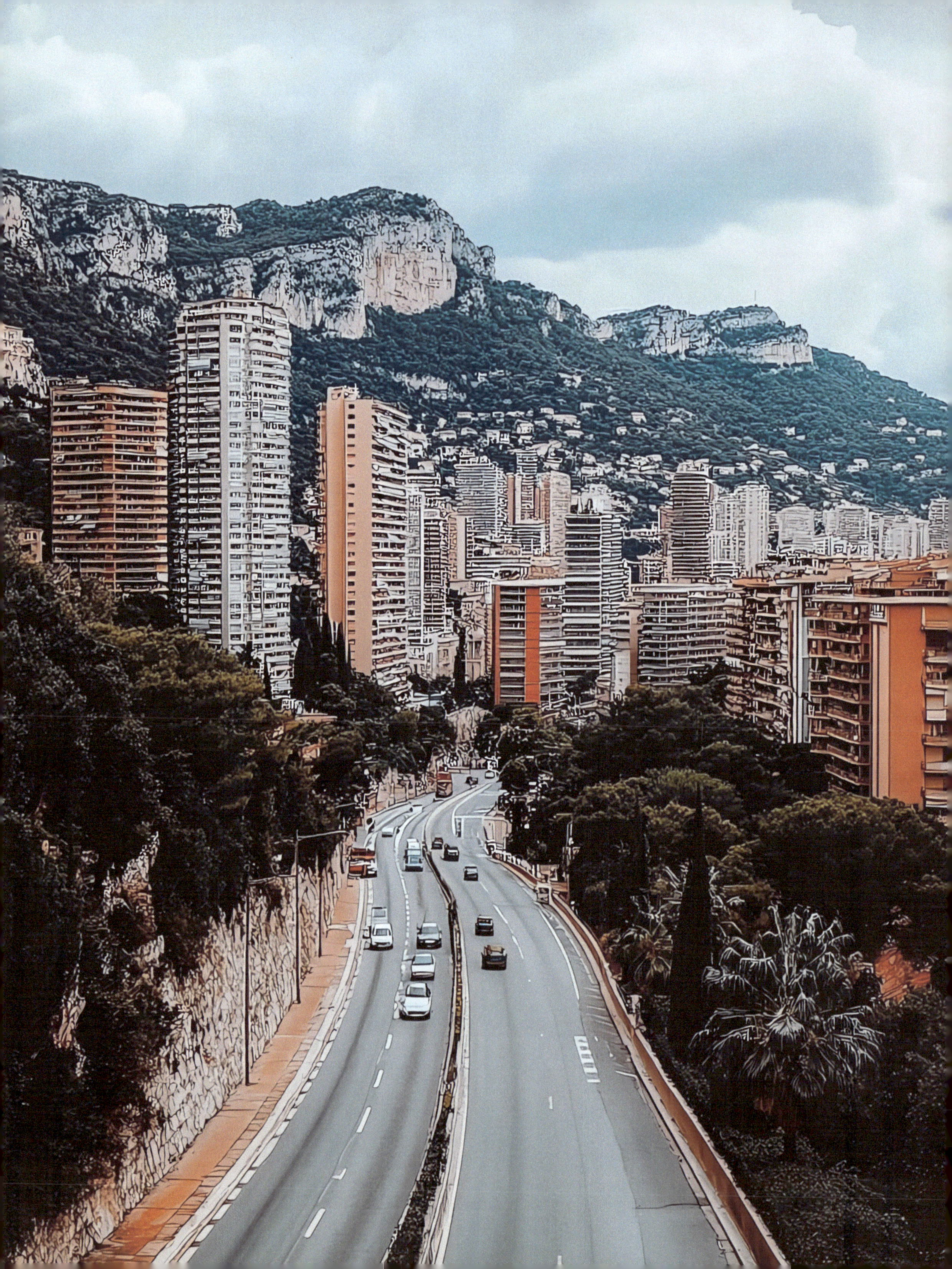

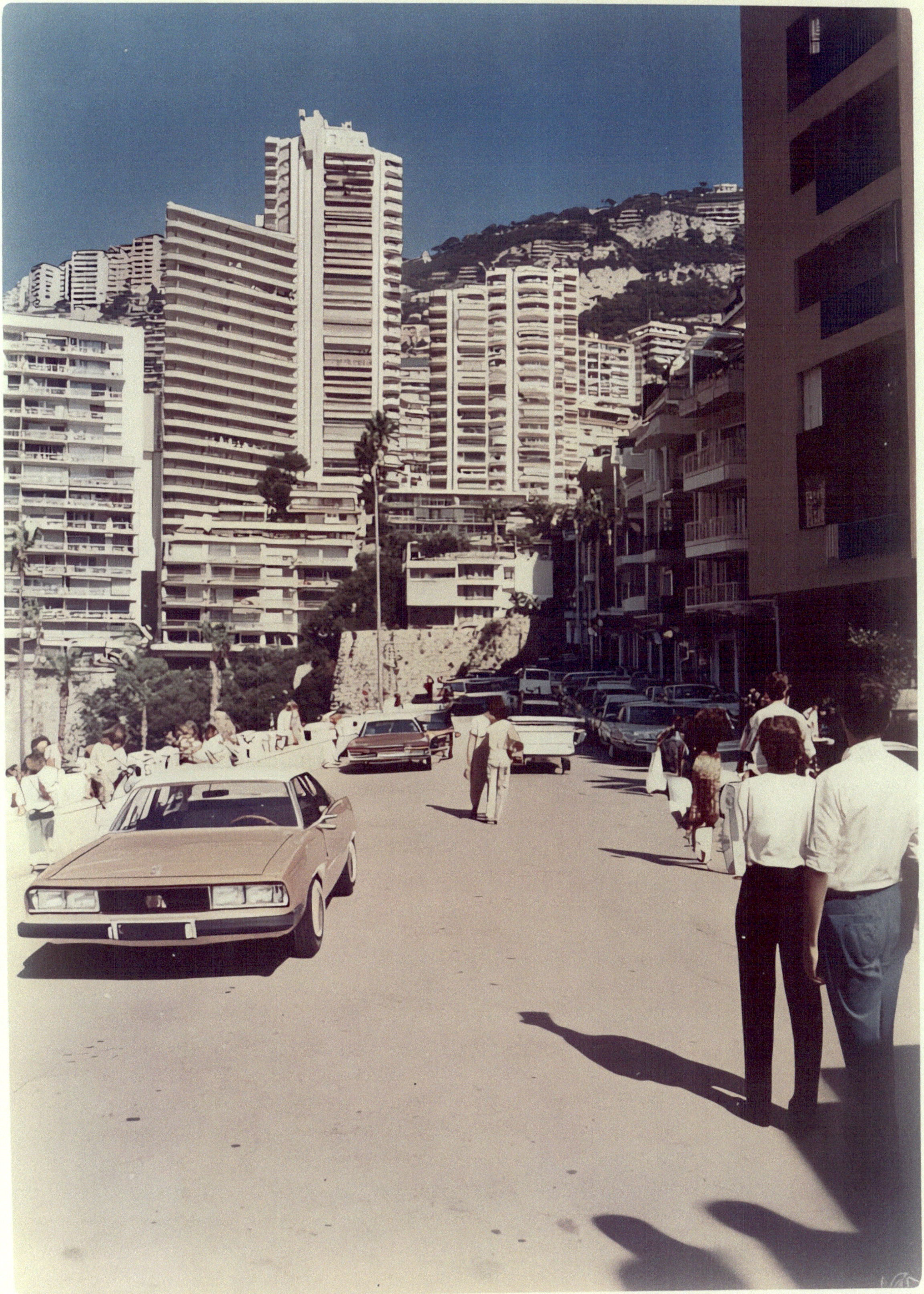

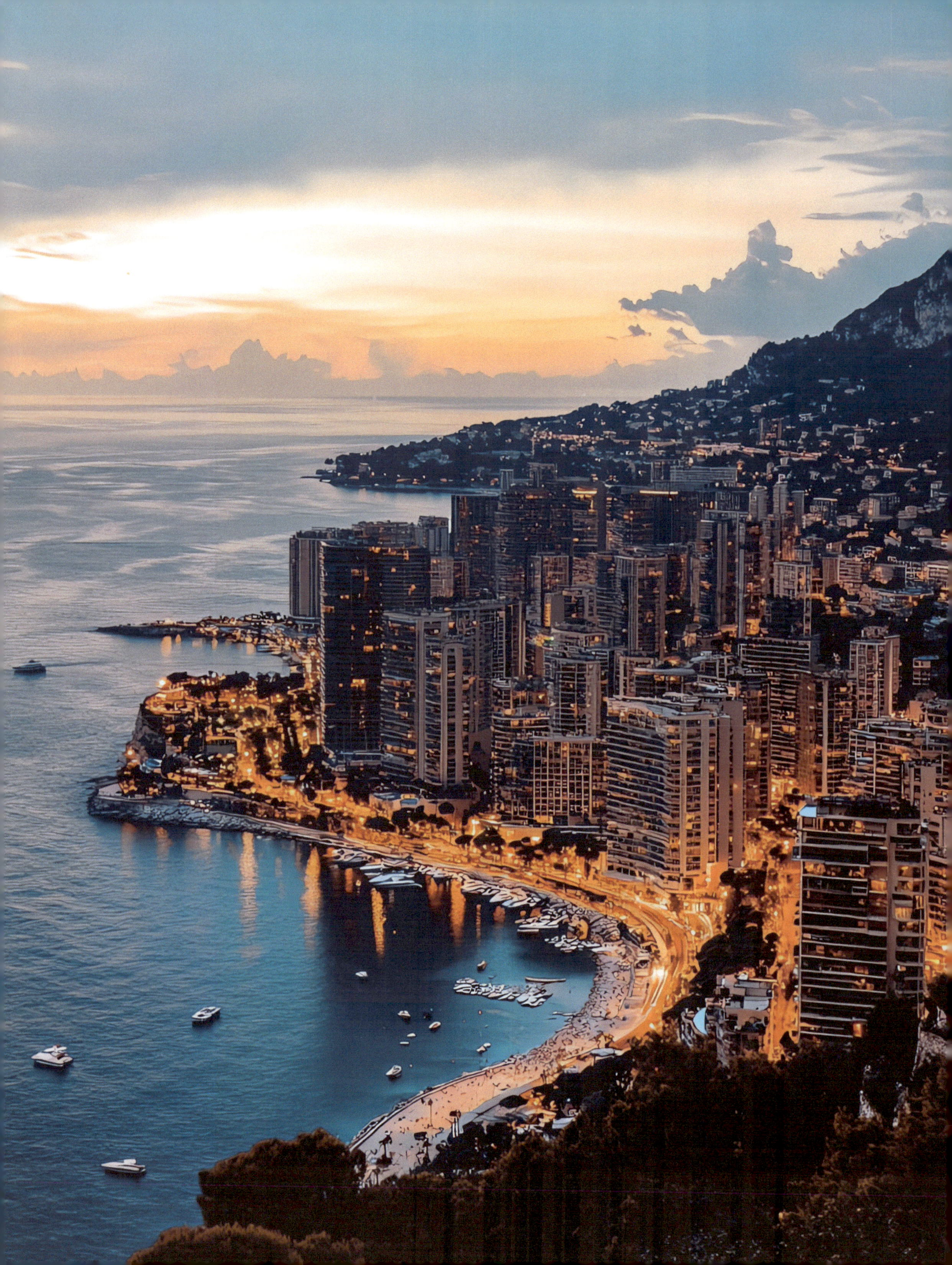

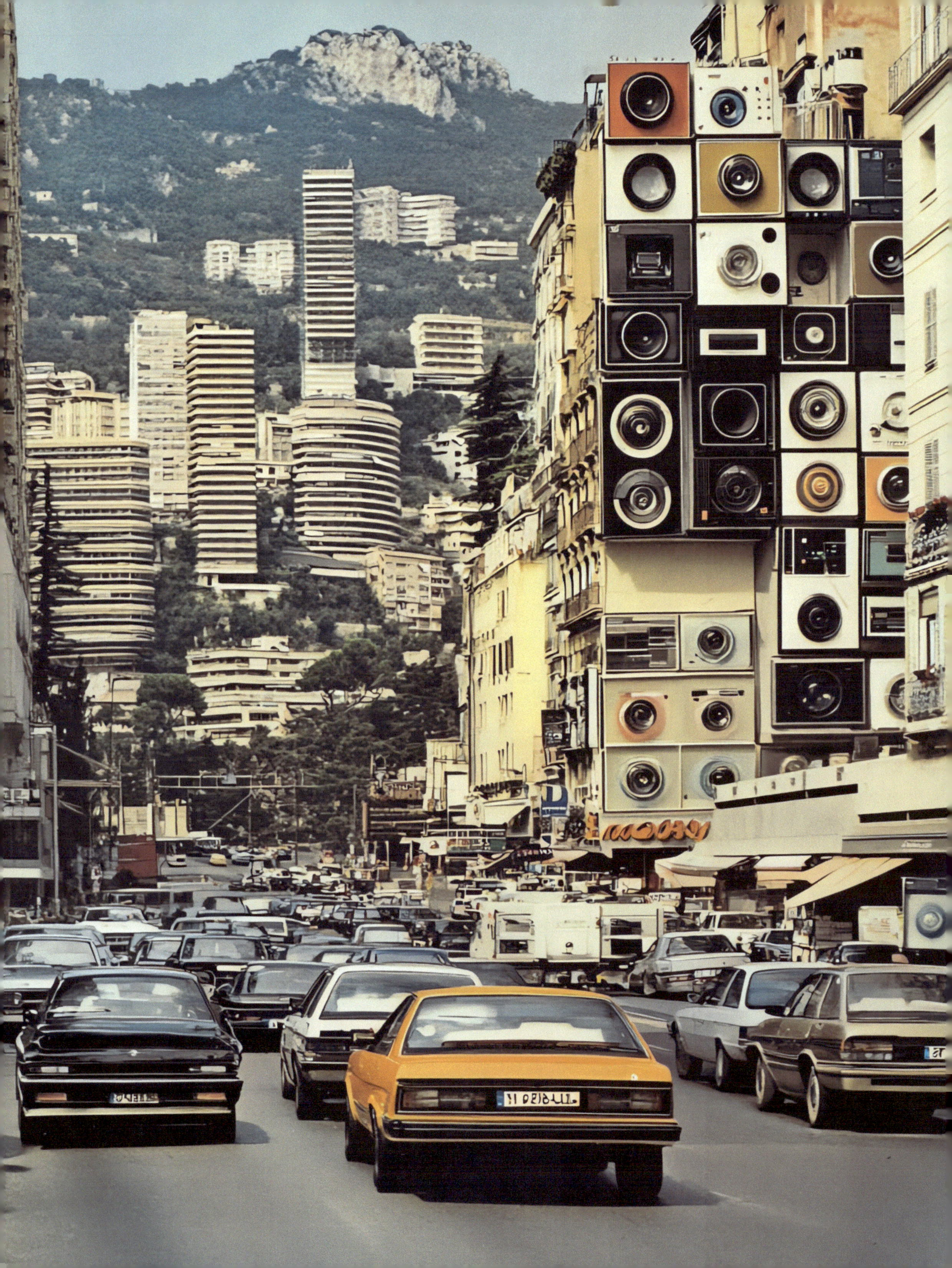

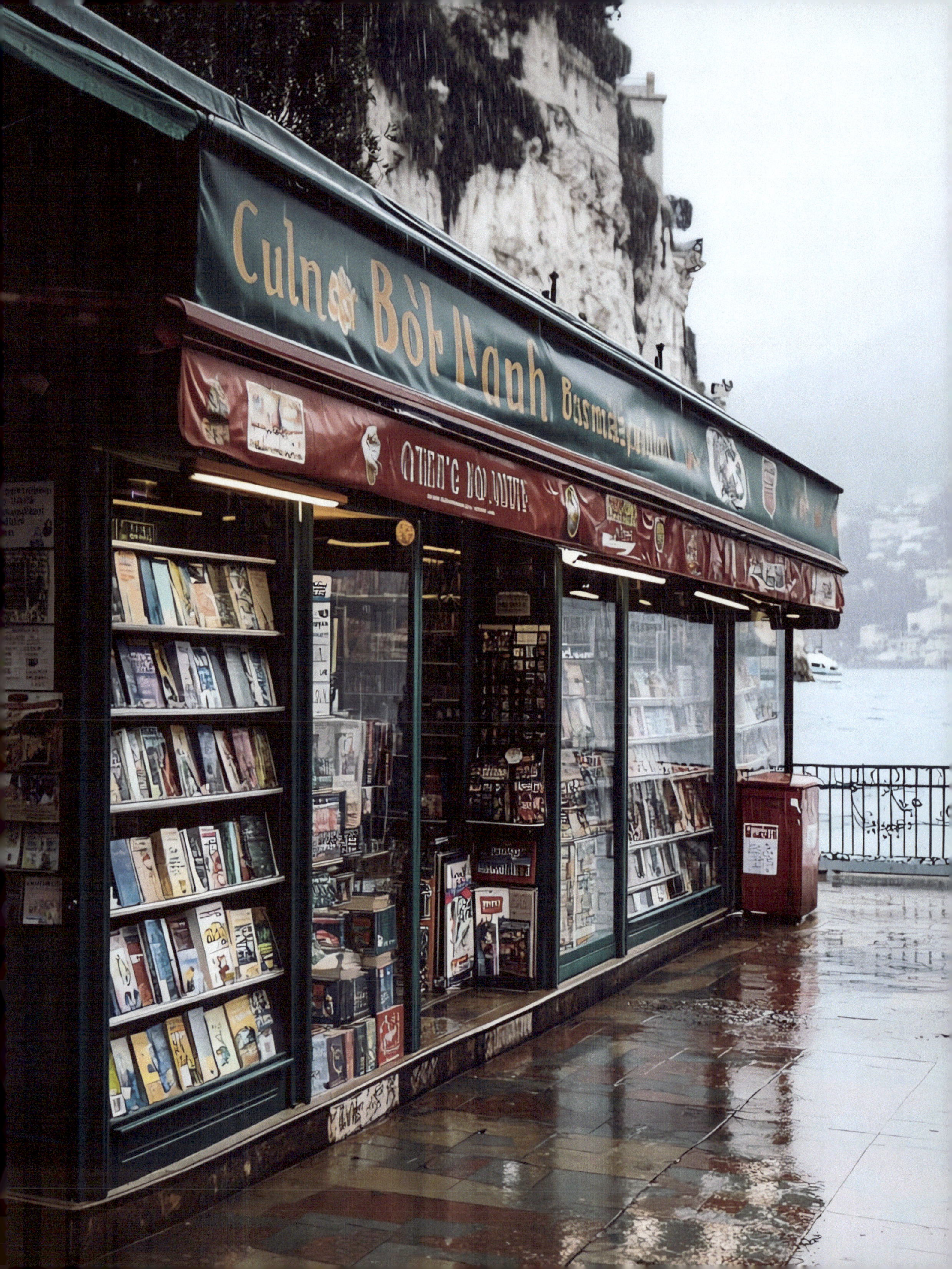

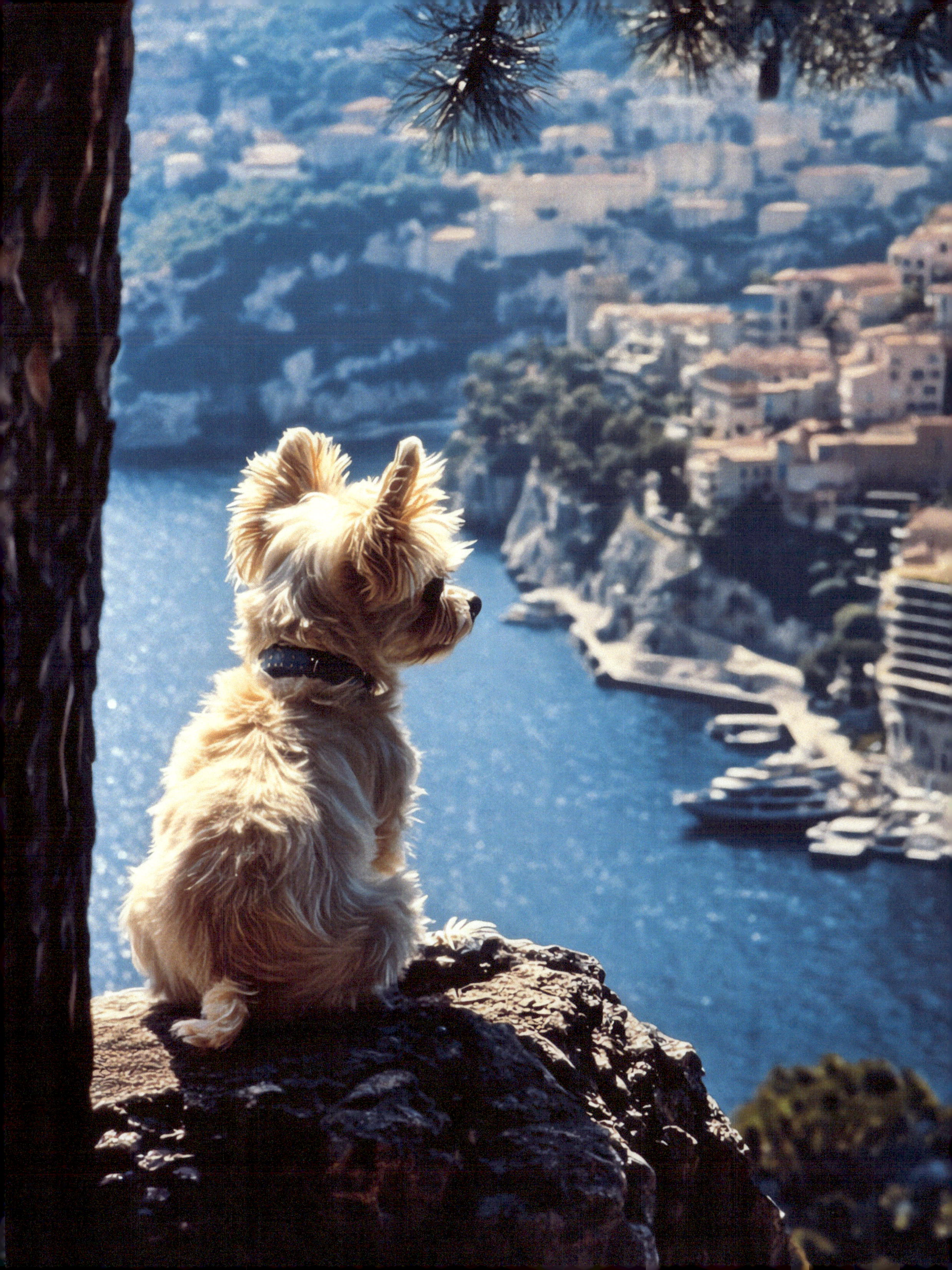

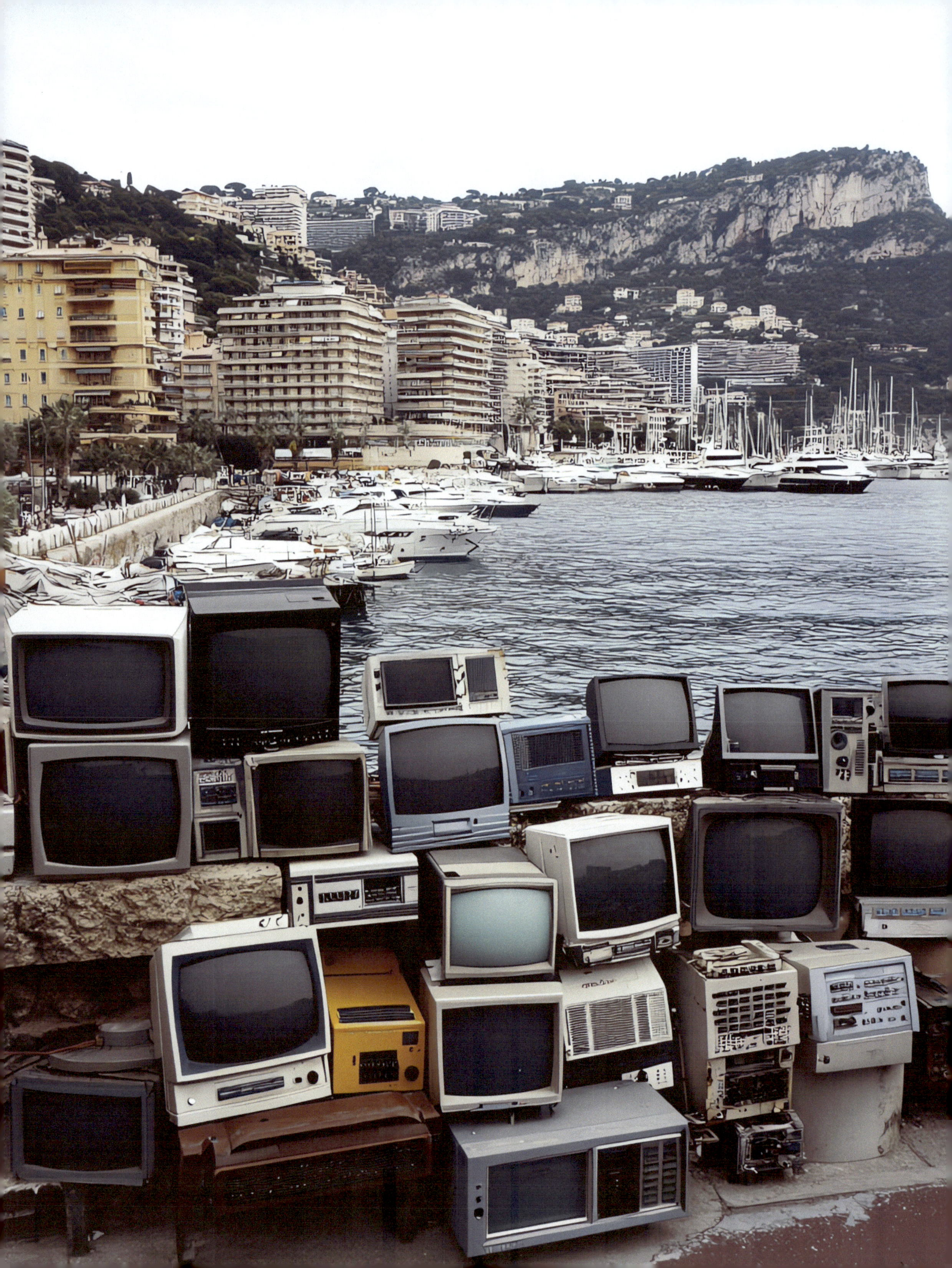

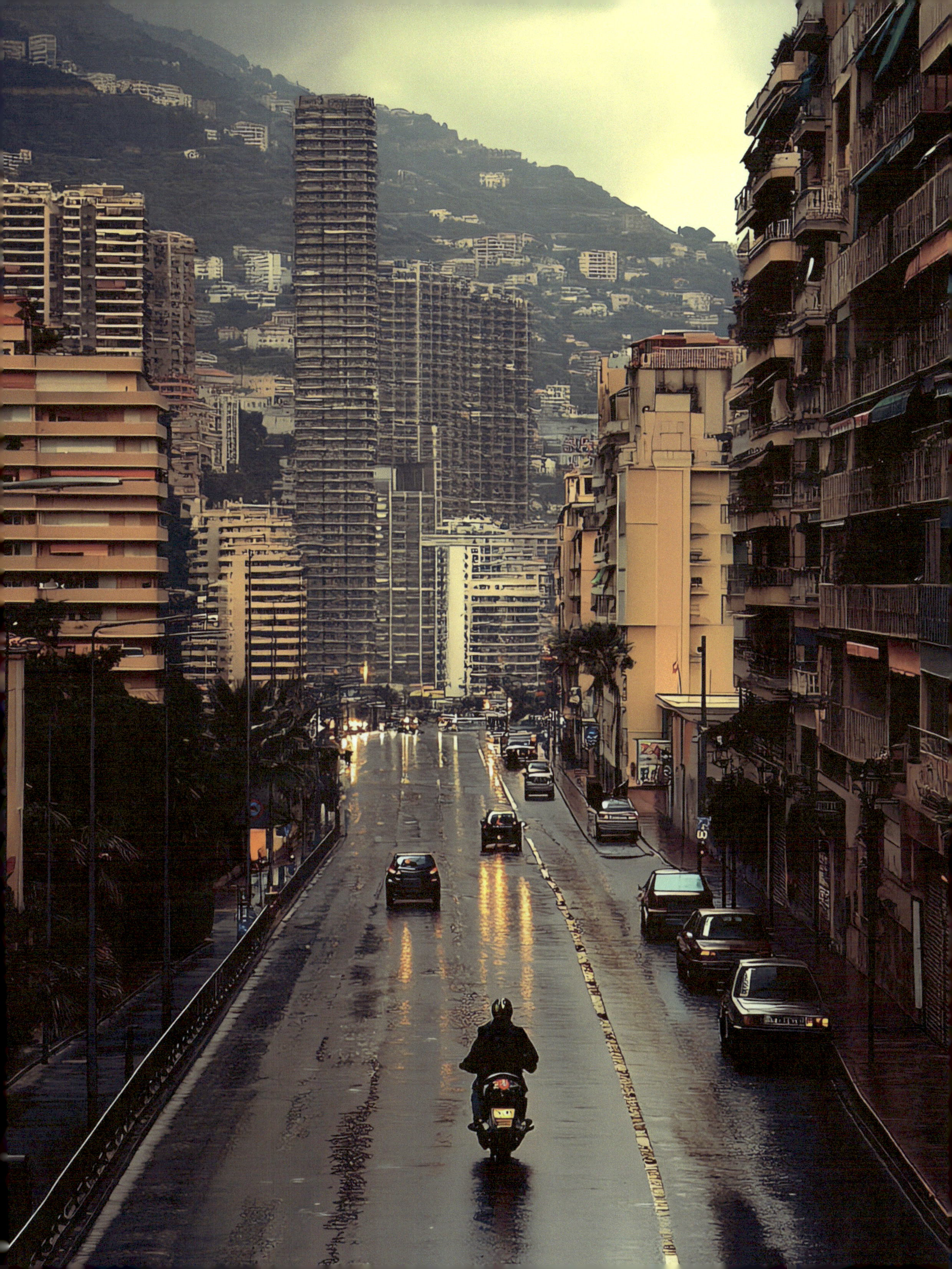

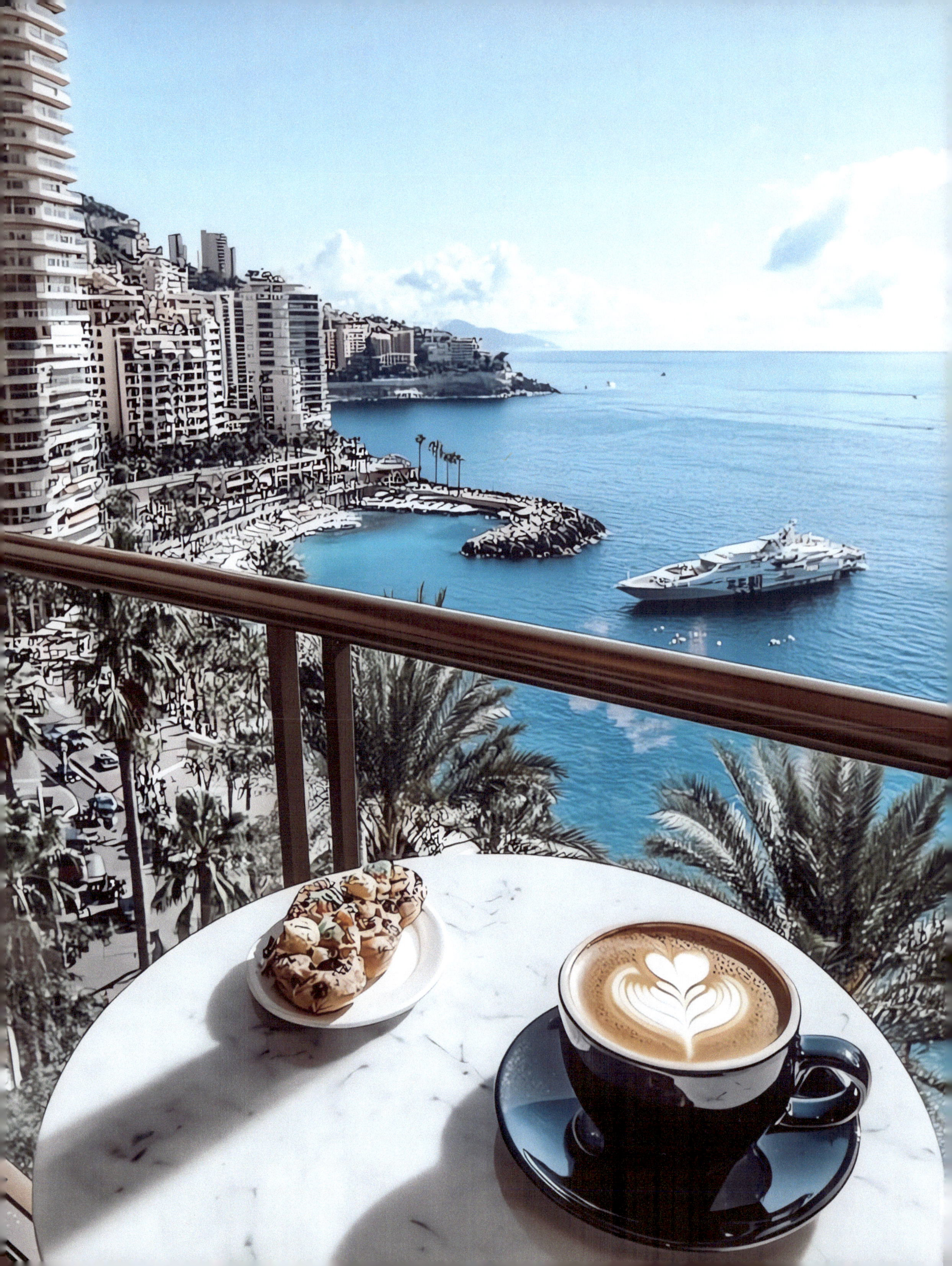

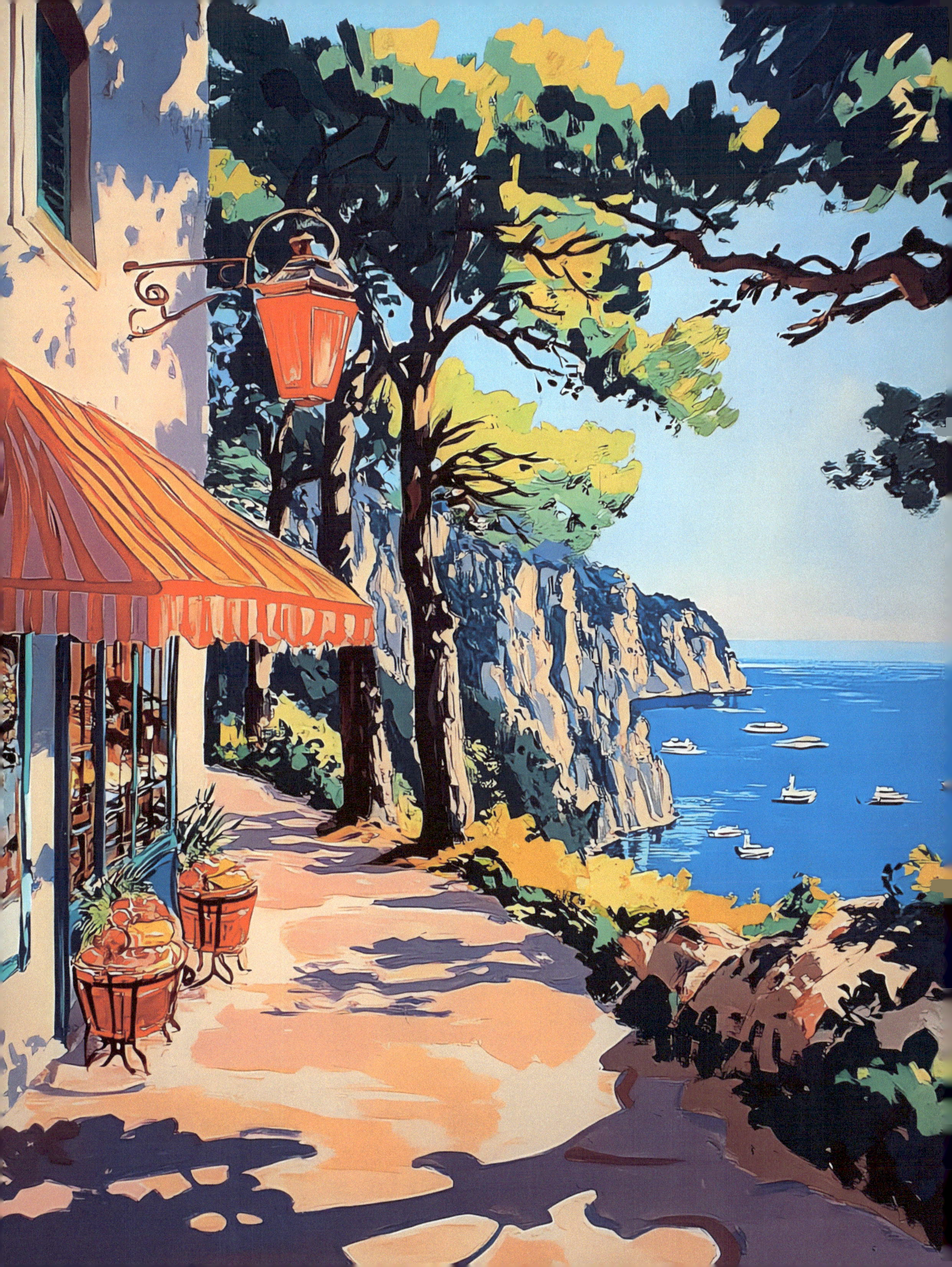

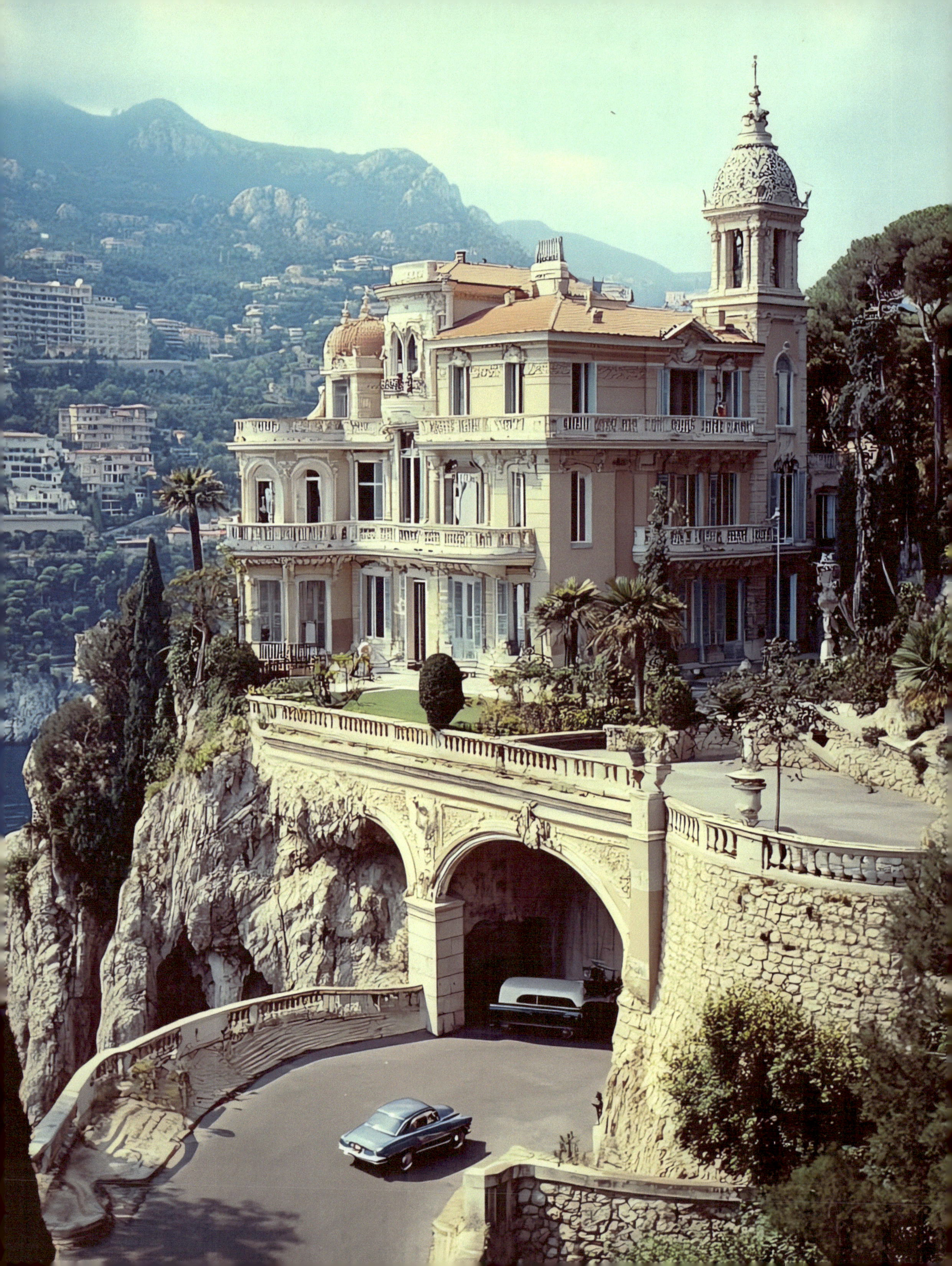

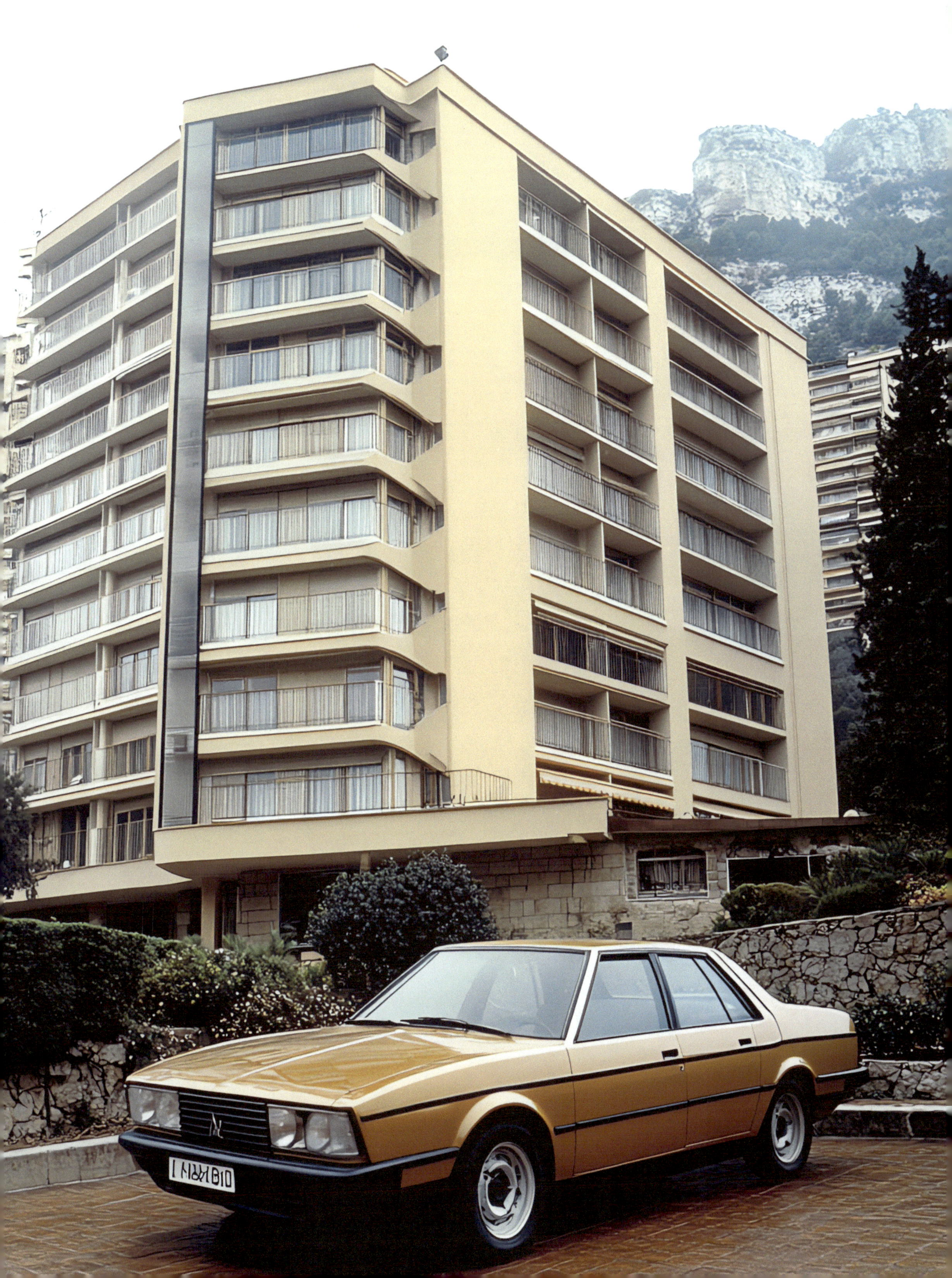

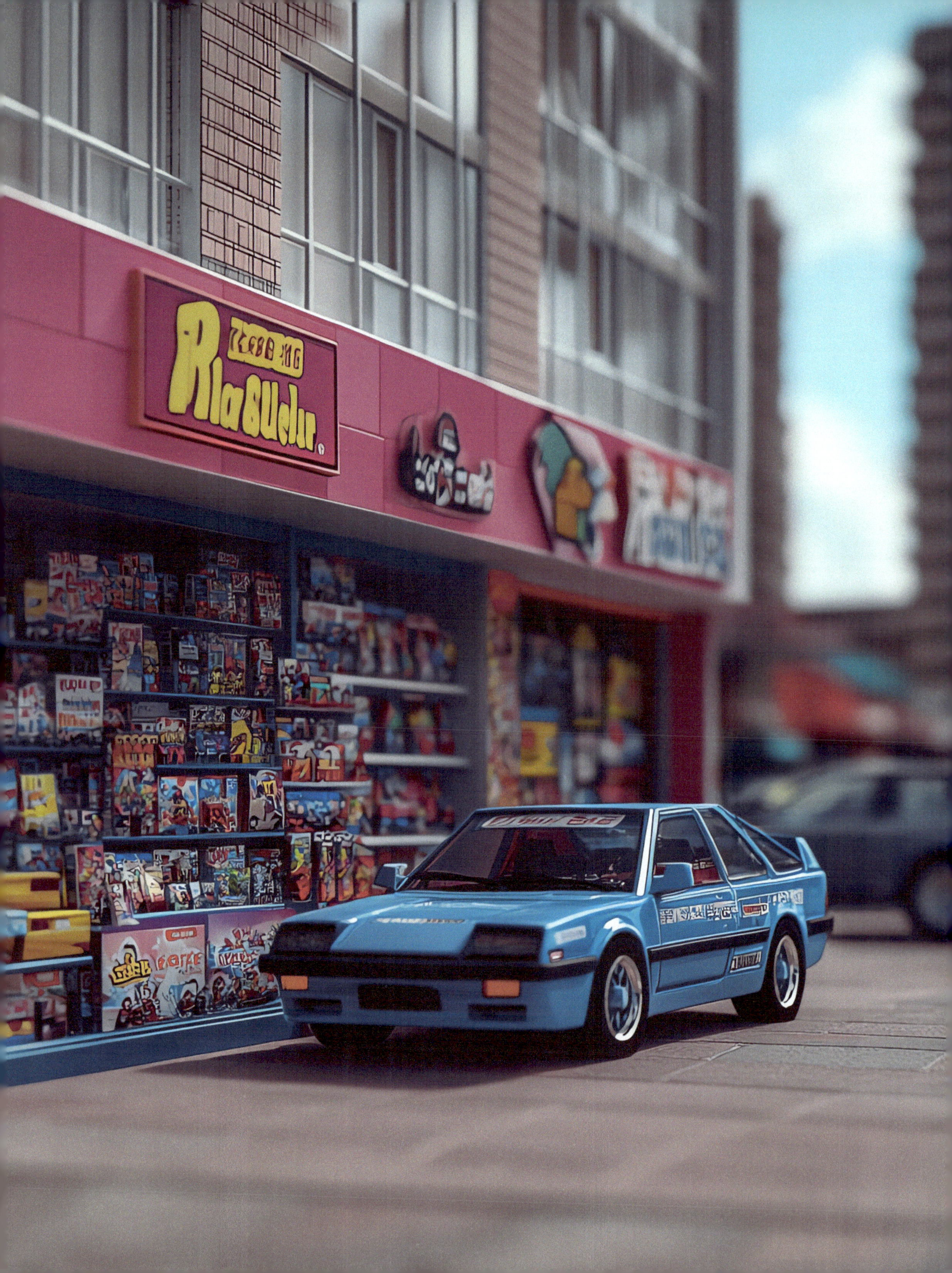

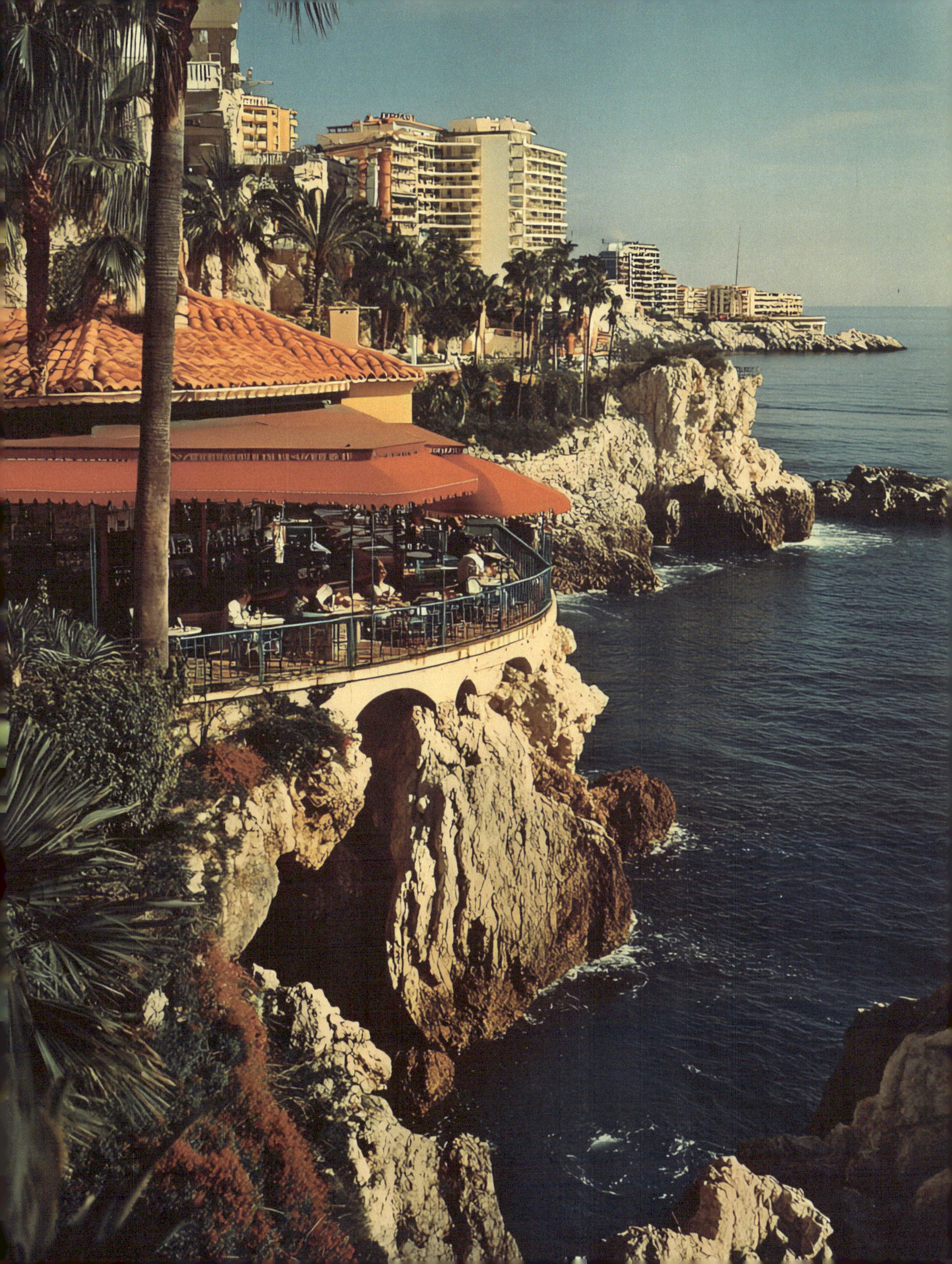

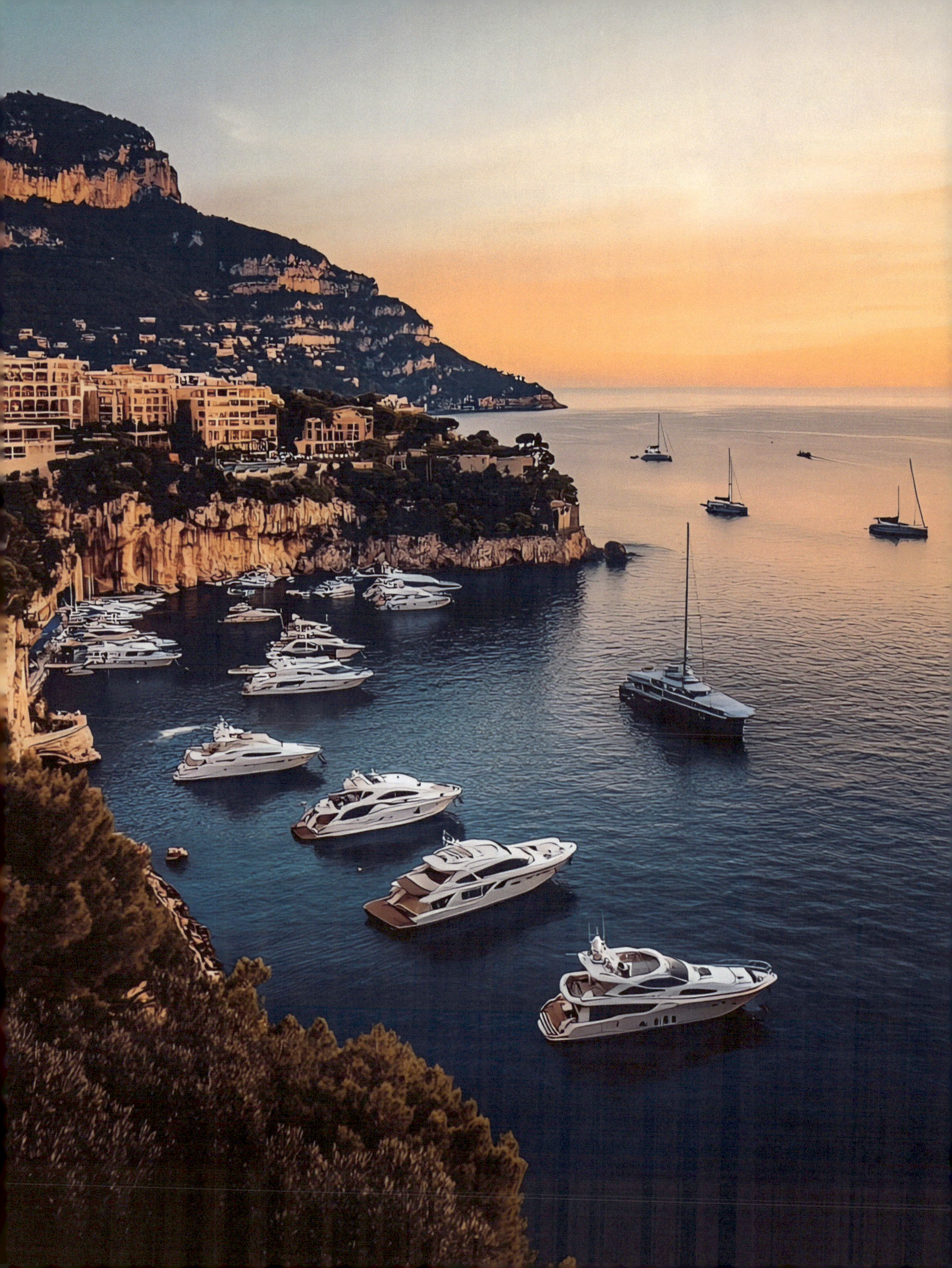

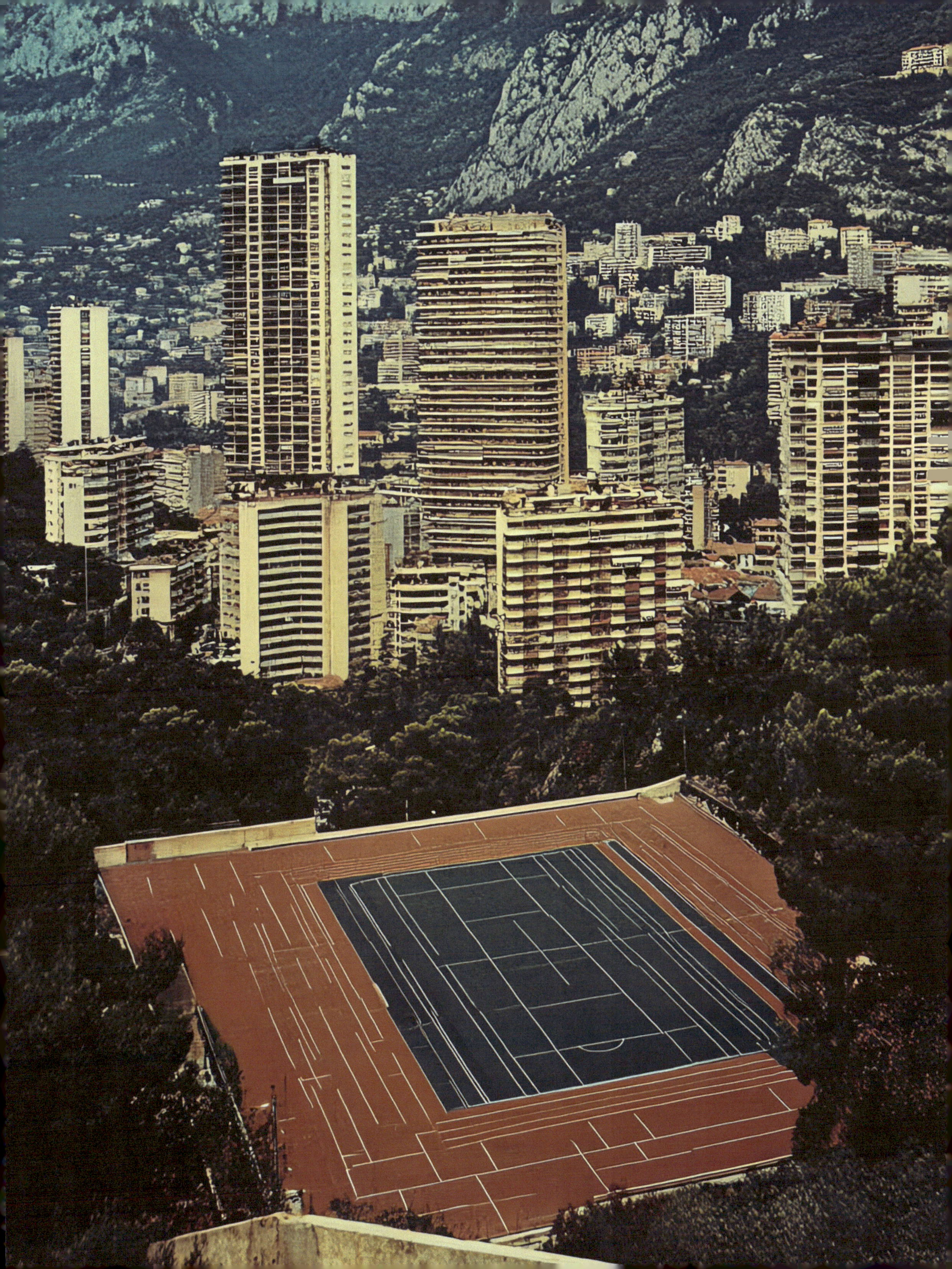

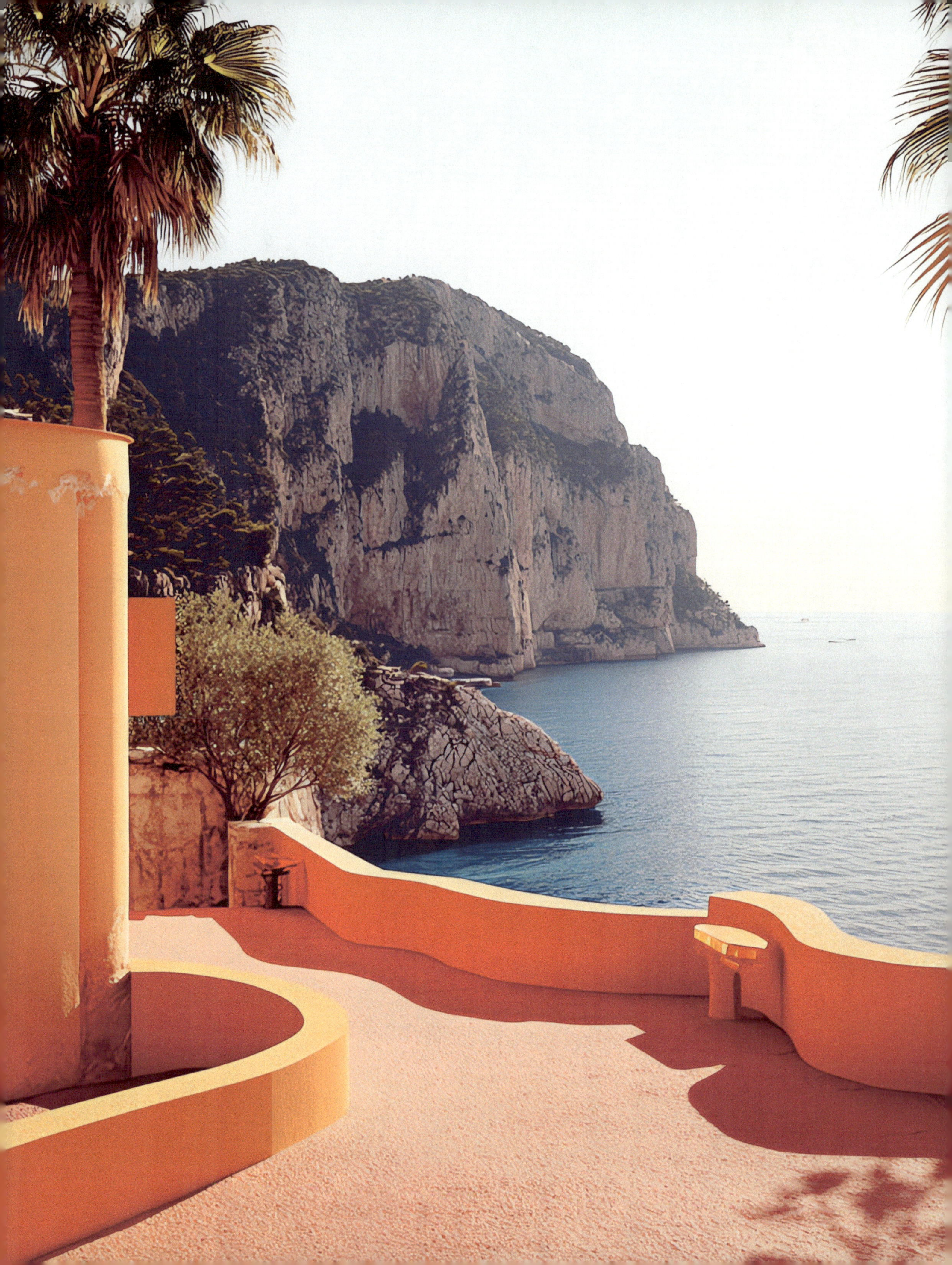

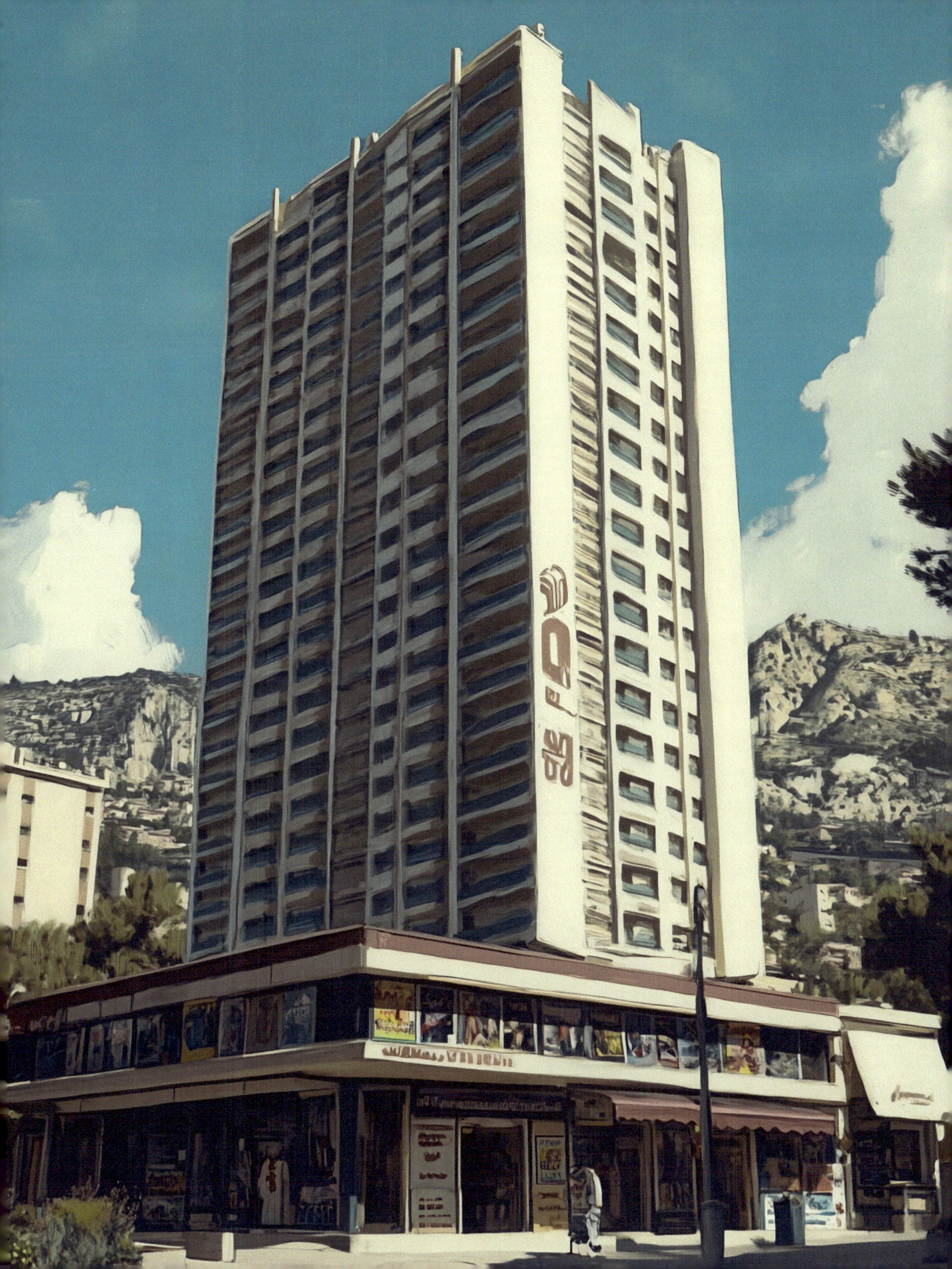

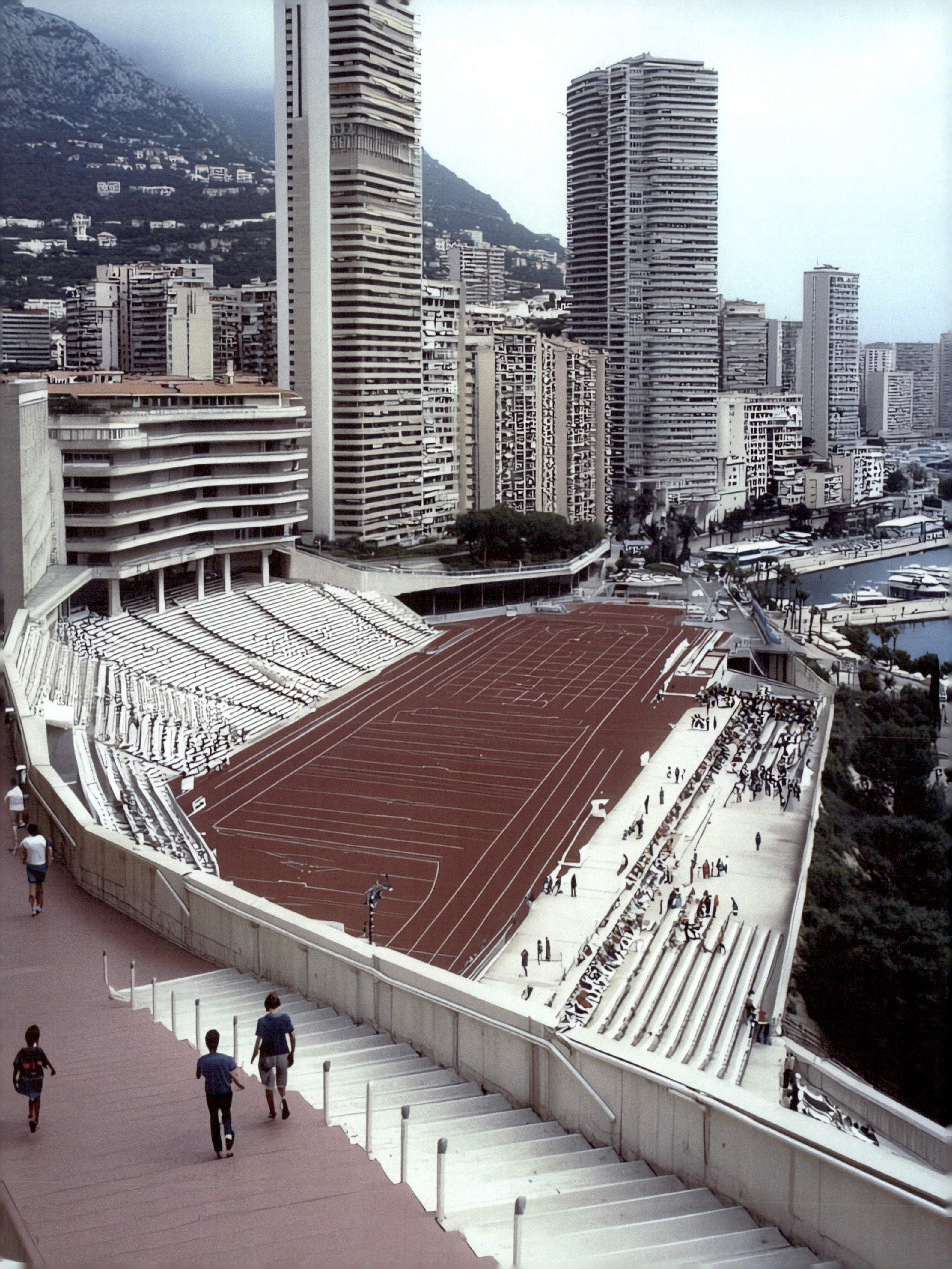

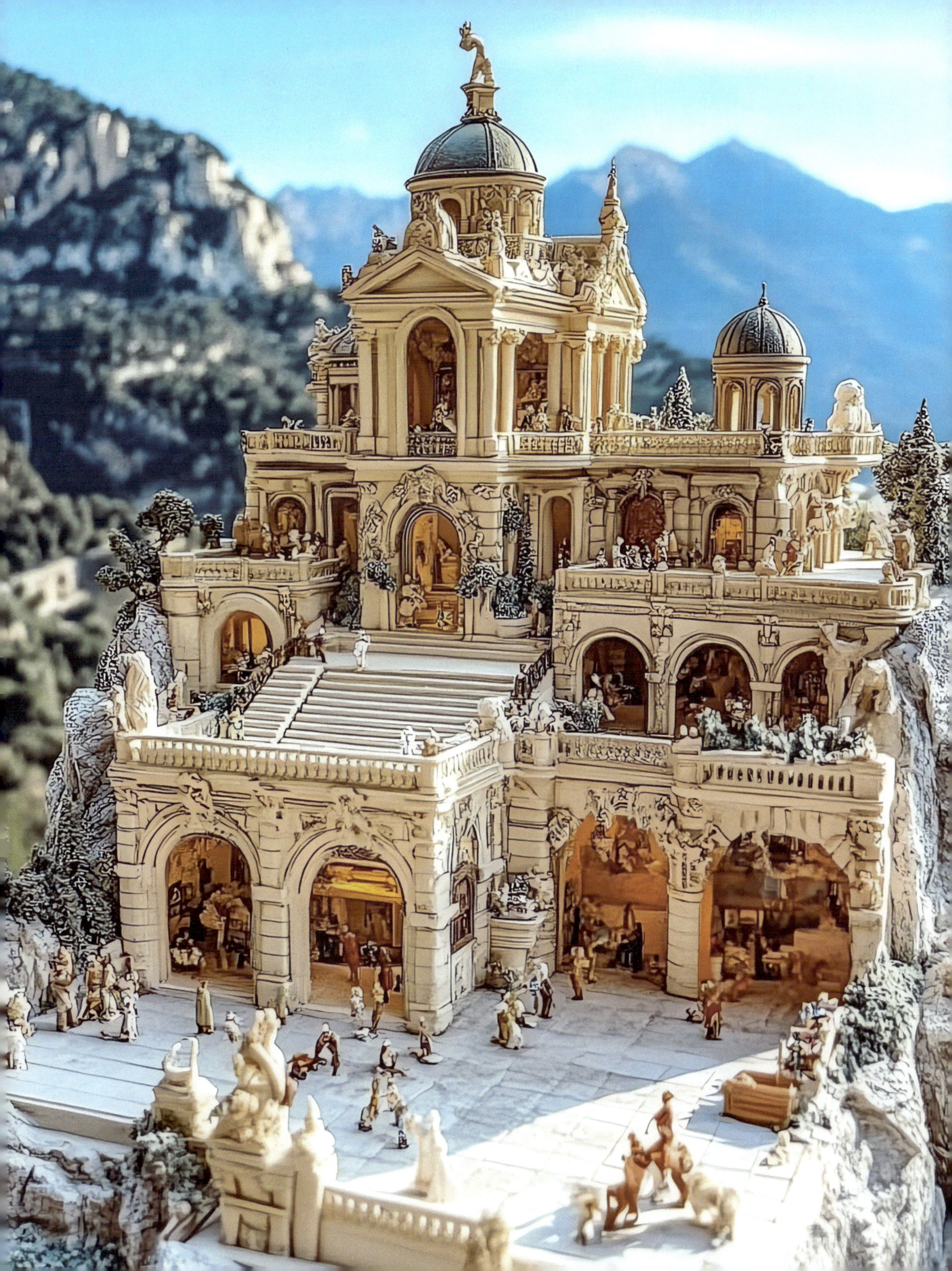

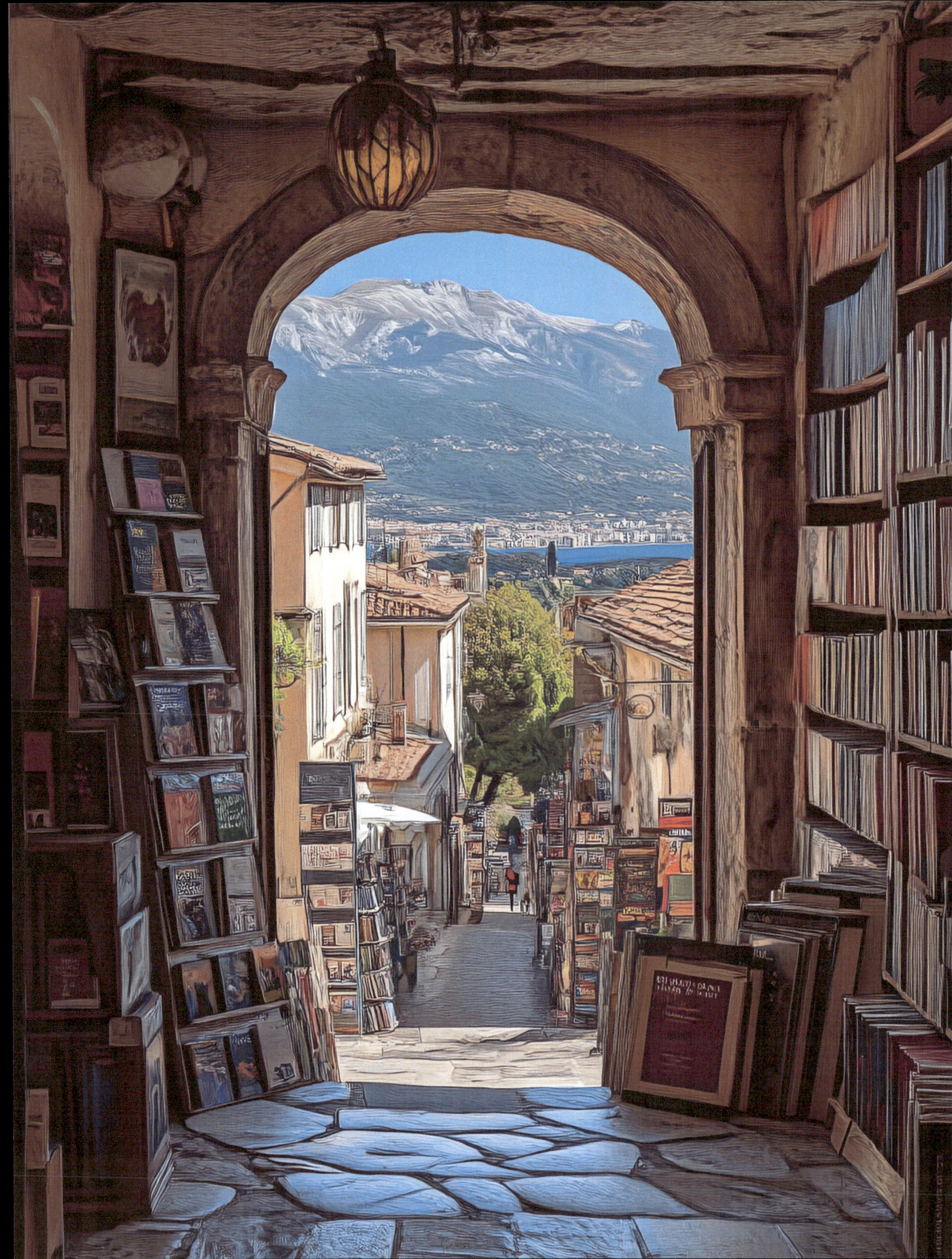

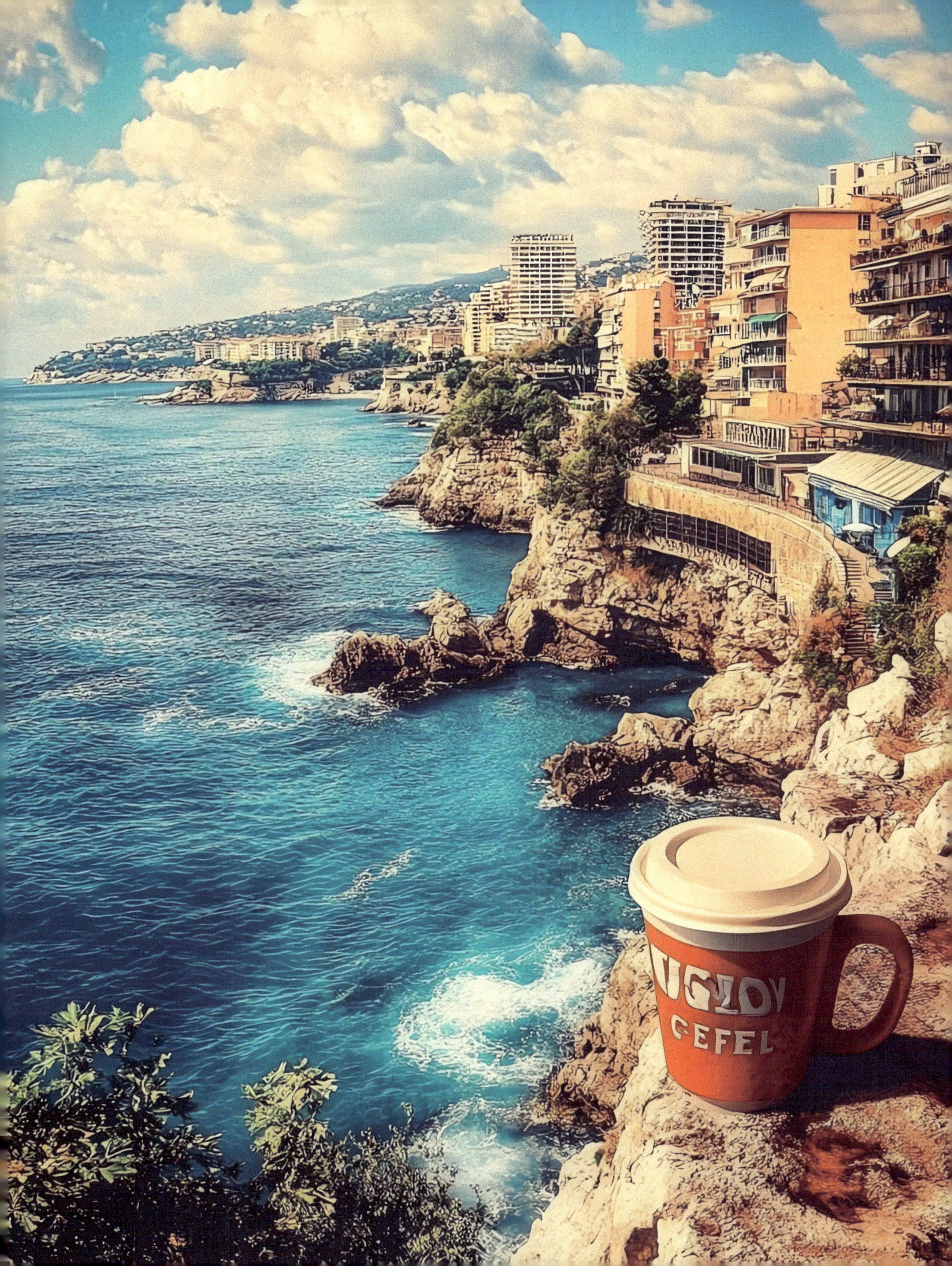

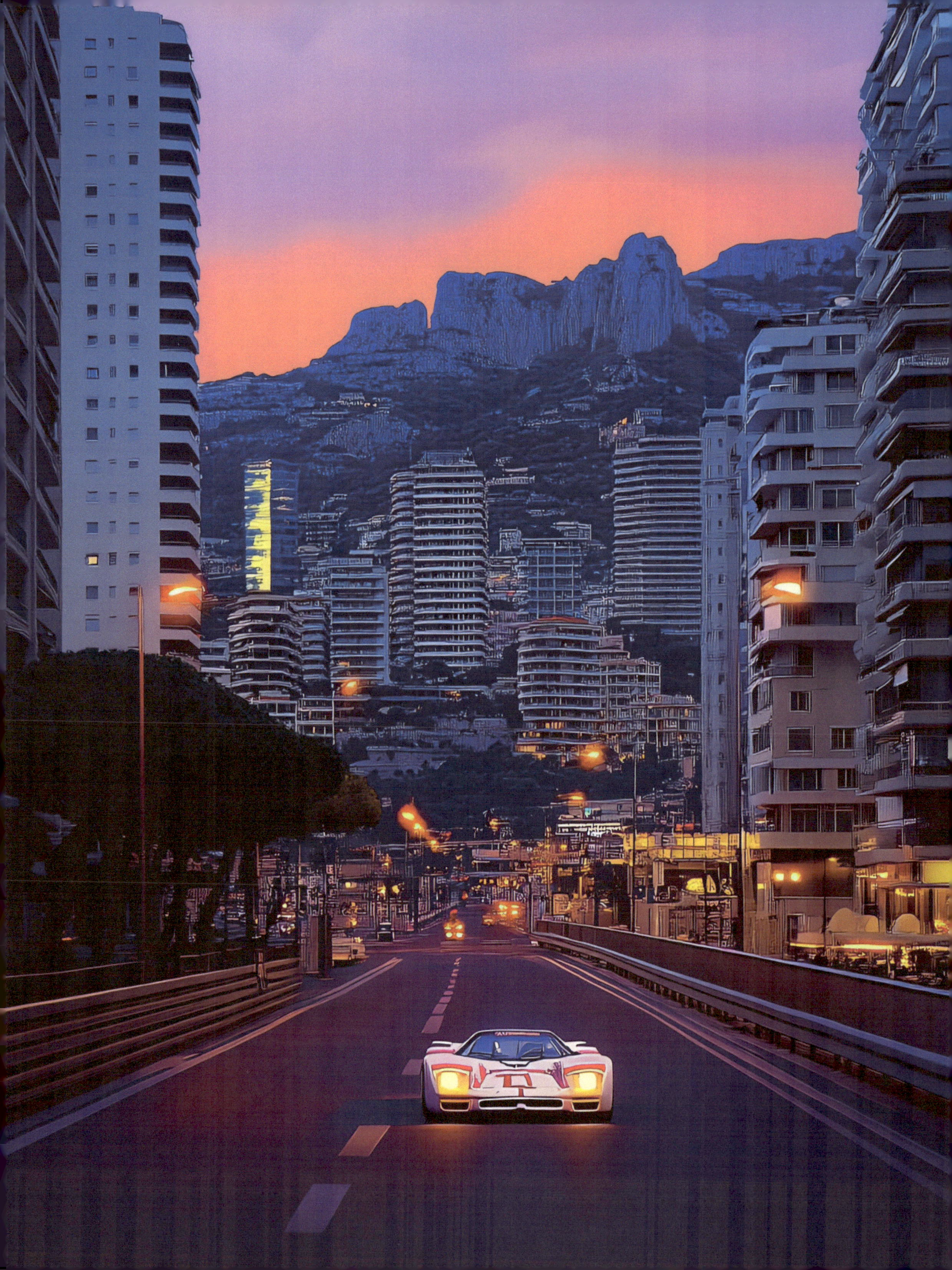

www.ingramcontent.com/pod-product-compliance
Lightning Source LLC
Chambersburg PA
CBHW040422220526
45473CB00004B/1325
* 9 7 9 8 3 0 1 8 1 6 0 5 5 *